张涛　著

君是人间惆怅客

齐白石京华烟云录

GUANGXI NORMAL UNIVERSITY PRESS
广西师范大学出版社
·桂林·

君是人间惆怅客：齐白石京华烟云录
JUN SHI RENJIAN CHOUCHANG KE: QI BAISHI JINGHUA YANYUN LU

出版统筹：冯　波
责任编辑：谢　赫　陈曼榕
营销编辑：李迪斐
责任技编：王增元
装帧设计：彭振威设计事务所

图书在版编目（CIP）数据

君是人间惆怅客：齐白石京华烟云录 / 张涛著. --
桂林：广西师范大学出版社，2021.9
　　ISBN 978-7-5598-4084-4

　　Ⅰ．①君… Ⅱ．①张… Ⅲ．①齐白石（1863-1957）—
生平事迹 Ⅳ．①K825.72

　　中国版本图书馆 CIP 数据核字（2021）第 148412 号

广西师范大学出版社出版发行

（广西桂林市五里店路 9 号　邮政编码：541004）
（网址：http://www.bbtpress.com）

出版人：黄轩庄
全国新华书店经销
珠海市豪迈实业有限公司印刷
（珠海市香洲区洲山路 63 号豪迈大厦　邮政编码：519000）
开本：880 mm × 1 240 mm　1/32
印张：10.875　　字数：220 千
2021 年 9 月第 1 版　　2021 年 9 月第 1 次印刷
定价：88.00 元

序言

读本科的时候，常常在学校西门斜对面的街道散步，马路南边有很多不错的小饭馆，北边是一排蛮有情调的小酒吧。穷学生时代，当然逡巡于南边的时候居多。借用马尔克斯那部经典小说的开头——许多年以后，当我面对电脑里满屏的齐白石文件时，将会回想起，恰同学少年喝酒吹牛烧烤美食的那条街边，曾经静静地躺着的，正是齐白石。在他的墓对面，也是另外一所大学的南门口，有一家咖啡馆。还记得那家咖啡馆的名字，无意间成了对齐白石生前身后境遇，大概最到位的文字注解——"雕刻时光"。

红了樱桃，绿了芭蕉，惊艳了市场。老人家为了挣点散碎银两，颠沛半生才得以安逸于京华。围绕着他老人家的，实际也多是为挣个把散碎银两。只不过，老人家很讲究吃相；围着的，很不讲究。清高的，骂他野狐禅；务实的，说他卖相好；学究的，说他"四大家"。老人家想：哦，你们开心就好！

齐白石的时代，牛人猛人痴人实在太多。老人家出趟门旅游也要玩个心跳，默默给革命党夹送小纸条，晃晃悠悠旁边路过个骑马的黄兴。蔡锷请他去当教师，老人家傲娇拒绝了。到京城给别人的小妾当家教，雇主转眼给袁世凯写登基文案去了。在西安吃着羊肉泡馍，若是顺道听了部级高官樊樊山的话，老人家说不定就成了缪嘉惠第二，慈禧太后的御用代笔人。即便是北漂存个辛苦钱，挣点小利息，也是放在"帝师"杨度家中。等到名利双收了，想要青史留名了，抱着一大堆自己亲手写的沾着油渍污垢的诗歌日记，请的是胡适之帮忙作传。当然，这看似传奇的人生，很多都是老人家自己说的，是信口杜撰还是过度诠释，尚且待议。但是无论怎样，老人家希望我们信。

我辈莫愁须饮酒，死生常事且开颜。

读齐白石的一生，最大的感触是：通透，明白。

在跌宕起伏身若飘萍的混沌乱世，一个农民，最后变成了一个走上神坛的农民，这其中不仅仅是后来人眼中想当然的德艺双馨，想当然的画得好就能走进刻薄而势利的艺术史。人生，哪有那么多理所当然？尤其对于一个无依无靠的草根来说。有人总想将齐白石往"文人画家"身上靠，其实骨子里，他最可贵的地方，恰恰是没有学到"文人画家"的虚伪，却有"农人画家"的真诚。

齐白石的智慧，不止于丹青挥毫，经营人生也是一把好手。老人家已经驾鹤数十年，可是我们对他的认知和解读，有时候还是笼罩在老人家自己所预设所期望的叙事框架内。

多少风流人物，都把老天爷赏的好牌打得稀烂。湘潭杏子坞那个放牛钓鱼砍柴火的后生小子，却步步生莲，走得扎实。前半生一把渣渣牌，老人家打得风生水起虎虎生威。记得多年前在齐白石的星斗塘旧居前观光，身边一个小导游言之凿凿地告诉围着她的游客：你们看，齐白石家里这么贫苦，快六十岁了还要北漂创业，所以，只要想努力，什么时候都不晚！湘妹子说完，坚定地抿了抿嘴，点了点头，双眼闪亮地看着人群，似乎这一堆游人已经幻化成了"成功"两个金光闪闪的大字，出现在她的眸子之中！

在这个成功学肆虐的镀金时代，老人家大概是最称职的励志榜样！以还是托关系免学费的小学一年级学历，查祖上三代都是农民中的农民背景，年近半百子嗣还有穷死病死的境地，一步步走到了市场红人，走到了美院教授，走到了人民艺术家。词典里如果可以添加"传奇"词条的新解释，三个字即可：齐白石。

传奇是怎么活成传奇的？其实总结起来就三点：手艺精、运气好、活得长。手艺不行，吹嘘得再大化乱坠，也只是昙花一现，雕刻木头还行，雕刻时光那就算了。清末民初兵荒马乱的荒诞年月，穷乡僻壤的小伙子，年纪很小身体很差，学个木匠还干不了重活，和大多数小朋友一样只是喜欢胡涂乱画，如果不是运气好碰上好老师，然后人生开挂一般遇上一个又一个贵人相助，所谓的近现代艺术史上，哪里会有老人家的大名？！大概修个县志能写进湘潭名人录就算混得很不错了。记得小时候喝到的一碗心灵大鸡汤：读万卷书不如行万里路，行万里路不如高人指路！现在热爱指点江山的书呆子，连万卷书都读不到。当然读到了，也往往会变成张口不说人话、下笔外星文体的清高痴人。老人家不一样，读没读到万卷书没统计过，但是万里路一定走到了，高人指路也是遇到了。人这一生，关键处就那么几步，走到点儿上了，别人帮你一下推你一把，或者仅仅几句指点迷津的轻言细语，就可能让你之后的人生路径完全不同。老人家运气不要太好，碰到一个贵人相助，也许就是天上地下，他呢？居然碰到了一群！当然，最重要的是活得长！生年九十三，虚岁九十五，算上搞封建迷信，硬生生给自己加的两岁，就算九十七。叫我乡下老农的，被我熬死了；瞧不起我的前清翰林，被我熬死了；说我学他皮毛的，被我熬死了。把比自己牛的人都熬没了，我不牛谁牛！结结实实活着，才是硬道理！老人家想得明白。有点才华必须兜着点慢慢往外散，倾囊而尽一泻千里后果可是很严重，你看王勃，你看王希孟——燃烧了自己，辉煌了别人。何必呢？衰年变法就对了。盛年变法了哪里还有后来的齐白石？其实老人家的运气好，里面还得加个会经营。不是有那句话么，运气只会降临在有准备的人身上。看看老人家的一辈子，不处心积虑地经营着，哪有那么多好运气都砸他头上？某某名流看到我的画很欣赏，特意来找我聊天，一聊就成莫逆之交啦。某某名师听闻我的声名，就想收我当学生，我不想攀附名师，名师求着我攀附，我有什么办法——这些都是老人家的叙事套路，谁信谁可爱！更可怕的是，老人家一路留下的诗歌与日记，有真心话有客套话有迂回话有隐晦话有胡说话。后生晚辈们，你们慢慢看慢慢研慢慢究吧——齐白石一边写一边想。

　　记得读硕士时，去拜访导师的导师，也就是师爷，老人家是陶瓷界的泰斗，在太师椅上和我们一群小年轻坐而论道仙风道骨，某次拜晤后临走时，老人家慢悠悠地既像自言自语又像是和我们告别般说道："人啊，活着，就不容易！"去老人家家中聊过很多次，聊的具体内容早已忘得一干二净，可是他老人家说的这句话，和说这句话时的神情样貌，在我脑海中却一直是一个清晰的存在。题外话，师爷是罗复堪弟子，齐白石和罗复堪当年也多有过往，想想世界真的很小。翻看齐白石一页页的日记，一张张寄卖画件的信函，一首首"薛蟠体"的小诗，不由自主地就会想起这句话。其实那个时代即使是含着金钥匙呱呱坠地，也不见得能活容易活明白，你看李叔同，你看袁寒云。想想到 21 世纪了，居然还有人很怀念与激赏民国，说是至少能产生个大先生之类。大哥，您只看到了百分之一的光芒四射，哪里想到还有百分之九十九需要解决温饱不当文盲。混沌乱世，能活得不软骨，不下贱，就不容易。

也有人说齐白石算什么文艺大家，充其量也就是个卖画的职业画家，复制粘贴鱼虾小蟹而已。你画一个试试？老人家门下弟子三千，哪一个能承继衣钵青出于蓝的？没办法，匠才和天才，一个可学，一个不可学。其实所谓文艺，不是轻蔑人间烟火，而是能将平常日子过得有情有味，那叫真文艺。从这个角度看，齐白石才是货真价实的文艺男神。要不然才女凌叔华时隔多年，居然还能那么清晰地回忆起老人家的撩妹言辞。人老心不老，艺术之树才能常青。

前些年的某个冬日，专程跑回当年撸串的地儿，想去看看老人家的墓址变成什么样了——虽然很早之前老人家的墓地就已迁居西山。原址只剩下铁栅栏围起来的一幢幢老旧的小区楼房和临街的一片废墟，随着寒风飘舞着的红色塑料袋与白色烂纸片之类。想想老人家生前尝透了人间的浮华烟火与凄凉夜色，当年那个无知无畏的年轻人，却在他长眠之地旁边烟火缭绕地撸串喝酒。以老人家的性情，应该会原谅晚辈的不敬。毕竟当年都是北漂，各种不易，老人家喝过一火车，我也喝过一小口。前几天再去看，老人家栖息过的魏公村小区一带，已经被夷为平地。

白茫茫一片，真干净！

不想总结什么意义、价值、目的。记得读书时去某校听宇文所安的讲座，一个操着方言味儿普通话，气质很自信的哥们儿，问了老人家一个终极问题："宇文所安先生您好，我想问的是，您作为一个美国人，为什么会这么喜欢研究我们中国的诗歌？"宇文所安一脸茫然，使劲想了想，这个可爱的美国老头，最终咬着后槽牙回答道：嗯，我就是喜欢！

纯粹即美德。

目　录

一

五四来了

齐白石很憋屈。

1919 年的盛夏时节，热热闹闹的五四运动刚刚过去。罗家伦、傅斯年这些青涩的北大学子，还在街头激情四射地摇旗呐喊。北大校长蔡元培则为抗议政府无能，加之听闻有刺杀他的流言漫布，于是留下一句意味深长的"吾倦矣，'杀君马者道旁儿'也。'民亦劳止，汔可小休'。我愿意小休矣"[1]，黯然神伤离京南归。

齐白石还不太理解学生为什么每天充满激情地走上街头四处游行示威。铺天盖地而来的"革命""主义""科学""民主"的口号，似乎只是来自另外一个世界的陌生语言，陈独秀、李大钊、胡适这些在政学两界如雷贯耳的时代弄潮儿，对于齐白石来说，也只不过是北京城里大小报刊上的油印名字而已。

这是齐白石第三次到北京，也是他正式北漂的开始。1903年第一次来是私教加旅游；1917 年第二次来是逃难加挣钱；1919 年，是实在没办法，白石心里苦啊。湖南家乡兵荒马乱匪患不断，已然没有挣扎求生活的回旋余地。本来已经混到小布尔乔亚式的田园生活美滋滋了。谁想天公不作美，已经五十七岁的齐白石还要狼狈逃难。老人家甚至很绝望地认为都是自己画笔惹的祸：

军声到处便凄凉，说道湘潭作战场。

一笑相逢当此际，明朝何处著诗狂。

自夸足迹图画工，南北东西尺幅通。

---

1 《北京大学日刊》第 374 号，1919 年 5 月 9 日。

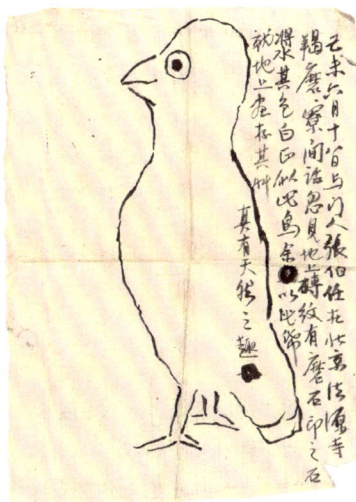

齐白石　砖纹若鸟　纵 28 厘米　横 20.5 厘米　1919 年　北京画院藏

　　却怪笔端泄造化，被人题作夺山翁。[2]

　　当然，他想多了。但是有些事，他没想到，却被结结实实
地熏到了。

　　1919 年春暖花开的人间四月天里，齐白石风尘仆仆地再次
来到了北京。一个月后，震惊中外的五四运动就爆发了。四个
月后，齐白石就做出了自己艺术生涯中最重要的一个决定：衰年
变法！而且决心不小："始知余画犹过于形似，无超凡之趣，决
定从今大变。人欲骂之，余勿听也；人欲誉之，余勿喜也。"[3] 一

2　齐白石：《借山吟馆诗草》，载北京画院编《人生若寄：北京画院藏齐白石手稿诗稿（上）》，广西
美术出版社，2013，第 89—90 页。
3　《己未日记》，载北京画院编《人生若寄：北京画院藏齐白石手稿日记（上）》，广西美术出版社，
2013，第 198 页。

副谁都别劝我，谁劝跟谁急的不成功便成仁的气势。齐白石有诗言及"十载关门始变更"，"十载"为齐白石定居北京后的十年，即1919年左右至1928年间。（当然，老人家往往将自己的北漂岁月按照1917年算起。）经过十年时间的苦苦摸索，齐白石的画风大变。

当时的画坛，山水画流行的是清初"四王"那种工整平实、一板一眼、讲究章法布局的画风，人物画大体还是延续清末改琦、费丹旭之类尖脸单眼皮弱柳扶风状的蛇精造型，当然，海上任熊、任伯年一类只是异数。花鸟画则以吴昌硕大写意画风为新潮。篆刻依旧属丁、黄二家传派兴盛不衰。齐白石几乎是以一己之力，通过衰年变法，在这些领域统统打上了自己的风格烙印。

就在齐白石决定定居北京开始鬻画生涯的第二年——1920年5月，中国北方日后影响最大的国画社团，以"精研古法 博采新知"为宗旨的中国画学研究会成立。同年6月，北大的校内社团画法研究会会刊《绘学杂志》创刊。陈师曾试图为传统文人画正名的《文人画的价值》，发表于1921年1月1日出版的《绘学杂志》第2期。1922年，陈师曾携齐白石画作于日本展览售卖情况良好[4]，齐白石一举在北京画界站稳脚跟。不可否认的是，没有市场的接纳与认可，齐白石延续十年的变法，很可能会半途夭折。努力很重要，可是没有运气和机遇，有时候再努力，也就只是个努力。

---

[4] 虽然齐白石在自述中表示1922年的中日联合绘画展览会，在日本影响巨大市场反响很好，但是从陆伟荣先生的相关研究可见，此次展览在日本的真实遭遇可能并非如此。参看陆伟荣：《齐白石与近代中日联合绘画展览会——被介绍到日本的齐白石》，引自王明明主编《齐白石国际研讨会论文集》，文化艺术出版社，2010，第454—463页。

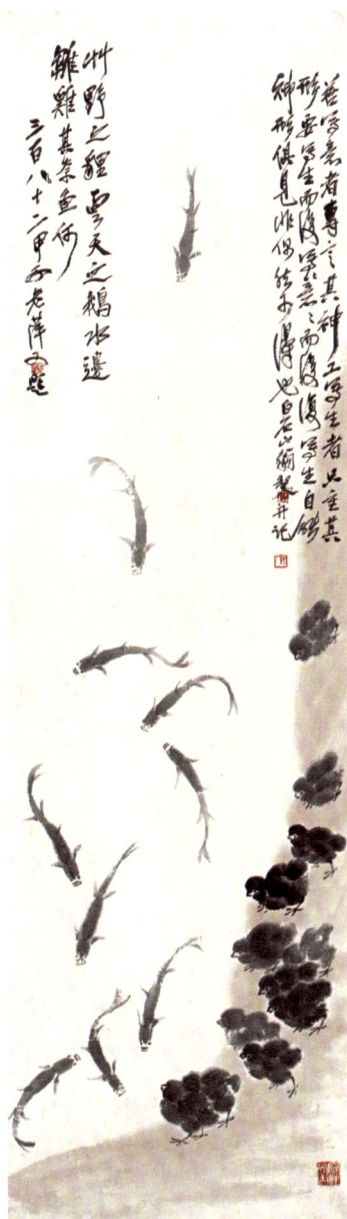

齐白石　雏鸡小鱼　纵 142 厘米　横 41.5 厘米　1926 年　北京画院藏

　　齐白石入京北漂伊始，恰逢五四运动爆发且余波不断的数年。翻阅齐白石 1919 年的《己未日记》、1920 年的《庚申日记并杂作》、1921 年的《辛酉五次北上纪事》及《白石杂作》，日常琐碎事无巨细一一记载，但是却均无有关任何品评时政或者涉及五四运动的评语，看上去齐白石的衰年变法与其在画界的崛起，似乎只不过是画家风格语言自觉的创新尝试与成功的线性叙事逻辑。对于齐白石衰年变法动因的解读，多是立足于画家、画作与画学基础之上的平面化诠释，而这些阐释本身则隐含着一种预设的规定性，即画家长时段的实践积累，自觉生成了风格大变的动力之源，这又不免陷入用现象解释现象的封闭循环的论证窠臼之中。由此所形成的艺术史叙事效果，即齐白石的画界崛起与衰年变法，是一种早已自动生成的有着明确指向与目标的"规定动作"，之后所有的发展演进，只不过是按其规定路径生发的必然过程而已。

　　按照齐白石自述所言，他的变法动机，源自北京画界对他的不认可，自己市场行情又太差；最重要的原因，是来自陈师曾的劝勉与鼓励——"师曾劝我自出新意，变通画法，我听了他话，自创红花墨叶的一派"[5]。虽然齐白石做出了看似自洽的解释，但是学者的眼光还是更睿智些：

　　　　变法的成功，是以前 40 年的不懈奋求为根基的。没有前面的艺术生涯，不可能产生衰年变法，没有衰年变法，不会有齐白石的大器晚成。变法动机与目标的确立，与陈师曾

5　齐璜口述、张次溪笔录《白石老人自传》，人民美术出版社，1962，第 72 页。

齐白石　桂花玉兔图　纵 103 厘米　横 34.1 厘米　1949 年　辽宁省博物馆藏

的点拨分不开，但过分夸大陈师曾的作用不符合事实。整个
北京的文化环境对齐白石的变革有更根本的意义。[6]

一个人不可能完全摆脱社会属性活成自然人的状态，除非
你喜欢在终南山待着。将齐白石放到一种"真空"状态下的艺
术史关照，会消解掉时代语境中许多塑成其艺术性格的关键隐
线。更有学者直言齐白石之所以能成为齐白石，"如果没有移居
北京，没有接受艺术市场的洗礼，可以断言，艺术史上便没有
他的地位"。[7]没有北京整体文化氛围的熏陶，尤其是五四运动
之后的北京，包括绘画受众的观念嬗变，以及五四新文化运动
所引起的新式文化精英的观念转向，那么艺术史上的"齐白石"，
很有可能会是以另外一种形象存在。

从齐白石1919年三上北京，到1922年陈师曾携其画作赴
日参展，借此在北京的艺术市场占据一席之地，只有短短三年
时间。恰逢五四运动及其余波所带来的一系列涉及对中国传统
文化价值重估与民族身份重塑的激变时期。值得注意的是，齐
白石于这个时段，在其日记文字中彰显出颇为强烈的创新焦虑，
如1921年时写道："五年以来燕（胭）脂买尽，欲合时宜。今
春欲翻陈案，只用墨水。喜朱雪个复来我肠也。"[8]在同年写给极
为信任的同门杨度的信中，齐白石甚至发出了自断财路的誓言：
"连年以来，求画者必曰请为工笔。余目视其儿孙需读书费，口

6　郎绍君：《齐白石的世界》，北京时代华文书局，2016，第185页。
7　王中秀：《历史的失忆与失忆的历史——润例试解读》，《新美术》2004年第2期。
8　《白石杂作》，载北京画院编《人生若寄：北京画院藏齐白石手稿日记（下）》，广西美术出版社，
2013，第273页。

齐白石　群猪　纵 23.5 厘米　横 49 厘米　无年款　北京画院藏

强答曰可矣，可矣。其心畏之胜于兵匪。兵匪之出门，余犹喜其一息尚存，君子尚可怜也。惟求画工织者出门，余以为羞，知者岂不窃笑？此二者孰甚，公为决之。果兵匪善，余将从兵从匪，不从求画工笔者。"[9] 老人家絮叨到，为了孩子读书才委曲求全于市场，什么时候当个家长都不容易。再说初到北京，立足未稳，齐白石却并不完全是斤斤计较于求得生计的市场策略，而是执着于变法求新，1920 年《己未日记》记道："余作画数十年，未称己意，从此决定大变，不欲人知。即饿死京华，公等勿怜，乃余或可自问快心时也……余昨在黄镜人处获观黄瘿瓢画册，始知余画犹过于形似，无超凡之趣，决定从今大变。人欲骂之，余勿听也；人欲誉之，余勿喜也。人喜变更，不独天下官吏行事也，余画亦然。"[10] 决绝的变法言辞之后，齐白石不忘幽

9　《白石杂作》，载北京画院编《人生若寄：北京画院藏齐白石手稿日记（下）》，广西美术出版社，2013，第 279—280 页。
10　《己未日记》，载北京画院编《人生若寄：北京画院藏齐白石手稿日记（上）》，广西美术出版社，2013，第 197—198 页。

默自嘲一番——"如此好变,幸余甘作良民"[11]。齐白石此时段的变法焦虑,很明显离不开他所处的"社会网络"与"生活网络"。

1918 年 11 月,德国投降,一战结束。1919 年 6 月,《凡尔赛和约》签署,中国作为战胜方的协约国代表参与会谈。一开始国内知识分子对此持有相当大的乐观情绪,陈独秀评价这场胜利属于"公理之胜利"。"新文化运动者认为美丽的新世界就要来临。这时,他们对世界与中国的前途的态度,与中华民国成立当初的孙文相比,其乐观的程度有增无减。"[12] 在巴黎和会上,作为战胜国的中国提出取消日本"对华二十一条",将胶州湾租借地及山东铁道等德国在山东省的权益直接归还给中国。但是如此正常合理的要求不仅遭到拒绝,列强甚至将山东的特权转而移交给了日本。国内天真的知识分子本以为列强也分好坏,现在扒开皮囊一看,嚯,原来都是一个德行。消息传到国内,群情激愤,由此直接引发了五四运动。迫于国内压力,北洋政府最终拒绝在《凡尔赛和约》上签字。

五四运动使得国内知识精英的志向与态度发生了急遽变化。"视联合国的胜利为'公理的胜利'的这种乐观的见解迅速褪色了。在陈独秀看来,联合国也毕竟不过是帝国主义,第一次世界大战不过是帝国主义之间的相互战争而已。"[13] "凡尔赛的讲和会议暴露了第一次世界大战不过是强权者之间的斗争。"[14] 民族主义情绪顺势高涨,中国的文化精英终于意识到自己"理想中的

---

11 《己未日记》,载北京画院编《人生若寄:北京画院藏齐白石手稿日记(上)》,广西美术出版社,2013,第 198 页。
12 [日]佐藤慎一:《近代中国的知识分子与文明》,刘岳兵译,江苏人民出版社,2011,第 131 页。
13 同上书,第 132 页。
14 同上书,第 133 页。

左：齐白石　瓜蔬菜集之一　纵 34 厘米　横 34 厘米　1953 年　中央美术学院藏
右：齐白石　瓜蔬菜集之二　纵 34 厘米　横 34 厘米　1953 年　中央美术学院藏

西方"并非中国的"救世主"，也由此影响到对于中国变革方式与变革方向的认知变化。梁启超于 1918 年底开启了长达一年多的欧洲旅行，在目睹了一战后所谓西方文明世界的满目疮痍与西方列强的丑陋百态后，其思想产生极大震动，同时对于自己过往的言行以及中国的未来做出深刻的反省与思考，归国后不久即发表了一部非常重要的著作——《欧游心影录》[15]，在中国知识界颇具影响。"他指出，因为科学的迅速发展，西方人的人生观完全为机械的原则与物质的欲望所统治。道德的权威被推倒了，争斗与战争变得不可避免。整个欧洲因此陷入了绝望。总之，'科学万能之梦被打得粉碎'。"[16] 这种有关西方认知的转向，也渐渐影响到了艺术界的精英。

　　陈师曾对于齐白石画风变革的帮助，已不需赘言。但是出身传统士大夫家庭身世显赫留学日本的新式文化精英，对于出

15　此文最早连载于《教育公报》1920 年第 4—11 期。
16　[美]周策纵：《"五四"运动史》，陈永明、张静等译，世界图书出版公司北京公司，2016，第 314 页。

齐白石　鲇鱼图　纵 178 厘米　横 45.8 厘米　无年款　辽宁省博物馆藏

身卑微三代为农的职业画家的倾力关注与支持，绝不仅仅是高山流水遇知音的跨阶层、跨身份的美妙佳话，包括齐白石在1919年之后数年间所生发的变法焦虑，都应放置在五四新文化运动这样一个大的时代背景下去考察。在新与旧、中与西、传统与当代间互动张力此消彼长之际，文艺界的精英阶层，开始反思自我民族身份的定位与内涵，以及对传统文化的价值重估与革新，并由之引起了一系列新文化运动的蓬勃发展。

当然，有关五四运动的评价和阐释异常复杂繁多，"在自由主义者看来这是一次伟大的文艺复兴运动与启蒙运动；在激进的革命者看来这是由列宁所影响的一场反帝反封建的全社会各阶层参与其中的爱国运动"。[17] 如果以重返历史现场的眼光来看，围绕五四运动的产生及影响，实际尚且有着更具弹性和多元化的解读空间存在。

有学者即敏锐地发现，"齐白石本人从未垂涎知识分子艺术家的角色。牢记这一点，我们可以把齐白石的风格语言放在五四运动与中国共同文化之间的关系、白话文运动、民歌和其他民间艺术大收集中进行考察"。[18] 虽然其中"齐白石本人从未垂涎知识分子艺术家的角色"这一判断值得商榷，就齐白石于1910年所精心绘制的《借山图》及围绕此作的相关题跋可见，所谓"知识分子艺术家"的身份，还是齐白石曾经极力试图塑

17　详情参看[美]周策纵：《"五四"运动史》，陈永明、张静等译，世界图书出版公司北京公司，2016。
18　[美]乔纳森·海：《齐白石：三个问题》，载王明明主编《齐白石国际研讨会论文集》（下），文化艺术出版社，2010，第438页。

左：齐白石　丽蝇（局部）　纵 33.5 厘米　横 26.5 厘米　无年款　北京画院藏
右：齐白石　小虾　纵 26 厘米　横 26 厘米　无年款　北京画院藏

造的公共形象之一。[19] 但是将齐白石的崛起放置于"五四"和一系列新文化运动的范畴来统观，却极具启发意义。其中很重要的一点，是近代中国民俗学的兴起与白话文运动。

近代中国民俗学运动的源起，一般以 1918 年刘半农在《北京大学日刊》刊登的《北京大学征集全国近世歌谣简章》为起始。[20] 而早在 1913 年 12 月，鲁迅于《教育部编纂处月刊》上发表《拟播布美术意见书》中就已提出建立民俗文化组织的倡议："当立国民文术研究会，以理各地歌谣、俚语、传说、童话等。"[21] 同年周作人发表《儿歌之研究》一文，首先在中国使用了"民俗学"一词。[22] 可见当时接受新式教育的文化精英对于相关的民俗研究已有非常具体的认知与践行。

1922 年，北京大学进一步成立了"国学门"，其下分为五

19　张涛：《废墟中的桃花源——从〈借山图〉看齐白石的山水表达与身份转换》，《中国书画》2018 年第 10 期。
20　王文宝：《中国民俗学史》，巴蜀书社，1995，第 183 页。
21　同上书，第 183 页。
22　同上书，第 183 页。

齐白石　柴耙　纵 133.5 厘米　横 33.5 厘米　无年款　北京画院藏

个学会。除了"考古学会"与"明清史料整理会"可以勉强被视为传统金石学、考据学的现代性延展,属于传统文人所认可的学术范畴外,"歌谣研究会""风俗调查会""方言研究会"都与中下层文化研究相关,均可归为近代中国新兴的民俗学[23]范畴。"风俗调查会"的调查内容包罗万象,其中有关"美感"风俗的内容就有"雕刻、图画、音乐、唱歌、织绣"[24]等。

陈师曾于 1902 年留学日本学习博物学,且与鲁迅、周作人等关注民俗研究的新式学者互有往来,他对当时正在中国蓬勃发展的"民俗学"有着相当程度的认知与了解。陈师曾曾于 1915 年精心绘制《北京风俗图册》,虽然此作惯常被解读为体现作者对社会底层劳苦民众的人文关怀与同情怜悯,而细究其历史原境及陈师曾的画学思想,《北京风俗图册》更准确的定义,实际应该归于民俗学兴起背景下的视觉产物:

> 陈师曾作为民初新式知识分子,其相当于传统"士大夫"的身份却并未彰显在《北京风俗图册》中。《北京风俗图册》描写北京首都的市井生活,但陈师曾不仅未表现"为政者""士大夫"主导之传统《风俗图》所重视的政治、教化意涵,对册页中的"百业"与"流民"也不加粉饰。以传统上位者的

---

23 近代民俗学科的兴起源自欧洲,英国考古学家 W.J.Thoms(汤姆斯)在 1846 年提出"Folklore"(民俗学)一词,在这门学科成立的年代,其内容几乎包含了所有与"人(民)"相关的事物。民俗学于明治维新时传入日本,在与日本市民文化结合之后,遂为日本近代民俗学研究的开端。20 世纪初期,民俗学通过日本新时传入中国,并由周作人首度提出"民俗学"译语的使用。虽然中国早期文献已出现"风俗""民俗"或"民风"等用语,若考虑近代民俗学的内涵及意义,实不宜轻易将其与近代民俗学概念等同视之,况且这在当时学界已有清楚区别,能够"有系统"地进行研究,是其中关键。参看王文宝:《中国民俗学史》,巴蜀书社,1995,第 183 页。
24 王文宝:《中国民俗学史》,巴蜀书社,1995,第 207 页。

发财图

丁卯五月之初，有客至，自言求余画发财图。余曰：发财门路太多，如何是好？曰：欲画赵元帅否？余曰：不能，余不能画财神像也。曰：画印玺衣冠之类耶？余又曰：不能。曰：刀枪绳索之类耶？余又曰：不能。曰：如何是好？余曰：欲人钱财而不施危险，乃仁具耳。余即一挥而就，并记之。时客去后，余再画此幅藏之箧底。三百石印富翁又题原记。

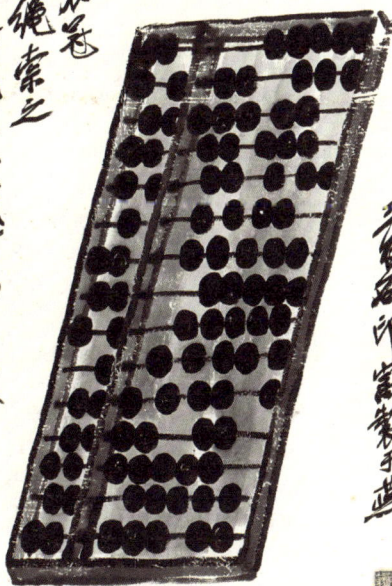

齐白石　发财图　纵 103.5 厘米　横 47 厘米　1927 年　北京画院藏

眼光来看，整套《北京风俗图册》就是中央地区的粗鄙风习、"不登大雅之堂的东西"，这在以往，实不可能为官方立场所接受。反观近代中国民俗研究的重点，不仅包含对粗鄙风格的调查，内容也多锁定在"民众的东西"。对中国首批投入现代民俗研究的新式知识分子而言，"风俗"或"民俗"的概念已不同于过往保守，不论是良善或粗鄙的风俗，都是这批新式知识分子关怀的对象。[25]

陈师曾也曾参与画铜、画笺与制簠。"画铜与制簠向来不是'士大夫'阶层之文人的活动范畴，笺纸的绘稿从晚明以来，也多为下层文人从事的工作。但到民国初年，陈师曾、姚华、林纾、齐白石等，皆曾为刻铜艺人提供画稿，金城、王梦白、陈半丁、溥儒等，也曾参与笺纸花样的制作。至于制簠，更有许多读书人投入参与。"[26] 陈师曾对于齐白石的发掘与提携，同样隐含着民俗学意涵下的底层关照。

相较于当时流行于北京画界讲求气韵内敛工整平稳的"四王"之类传统画风，齐白石完全属于另类的存在。也常常被所谓的传统文士攻讦为野狐禅荒唐画纵横涂抹野路子。齐白石画《人骂我我也骂人》，其实正是对这些无端攻击的视觉回击。但是，陈师曾不一样。初见齐白石画作，陈师曾即在惊诧之余对胡佩衡言及"齐白石的《借山图》，思想新奇，不是一般画家能画得

25　卢宣妃：《陈师曾的绘画新貌与民初新式知识分子的文化实践：以〈北京风俗图册〉为中心》，台湾师范大学 2003 年硕士学位论文，第 71—72 页。
26　同上，第 102—103 页。

20

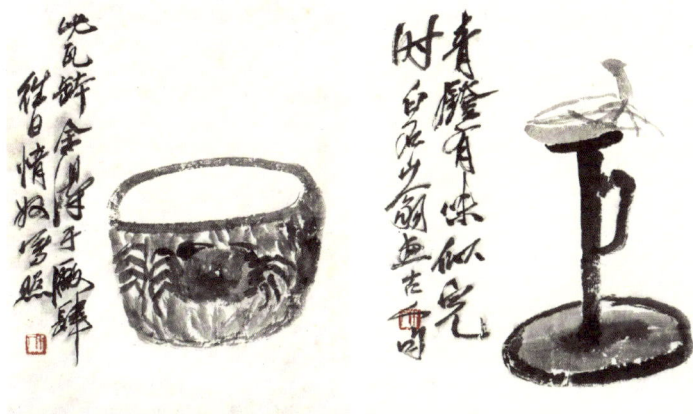

左：齐白石　瓦钵　纵 30 厘米　横 25.5 厘米　无年款　北京画院藏
右：齐白石　青灯　纵 30 厘米　横 25.5 厘米　无年款　北京画院藏

出来的"[27]。陈师曾"思想新奇"的评语,可谓新式文化精英对"民间智慧"的高度认可。陈独秀在发表于 1920 年的《新文化运动是什么?》一文中特意指出:

> 新文化运动要注重创造的精神。创造就是进化,世界上不断的进化只是不断的创造,离开创造便没有进化了。我们不但对于旧文化不满足,对于新文化也要不满足才好;不但对于东方文化不满足,对于西洋文化也要不满足才好;不满足才有创造的余地。[28]

陈师曾赞誉齐白石画风的"新"与"奇","新"是相对于"旧"

27　胡佩衡、胡橐:《齐白石画法与欣赏》,文化艺术出版社,2011,第 45 页。
28　陈独秀:《新文化运动是什么?》,《新青年》1920 年第 7 卷第 5 期。

而言，"奇"是相对于"西"而言。因为齐白石的这种画路，在陈师曾眼中，中国传统中没有，西方绘画中也没有。这也恰恰暗合了陈独秀对于新文化运动中创新精神的寄语。再反观齐白石，他的绘画"保留了文人画的形式和惯例，但却脱离了文人话之窠臼，采用了非文人画主题和后文人画式个性风格"[29]。齐白石对于乡土题材的处理，"刻意避免了宫廷艺术的圆滑感和文人画充斥典故、旁征博引的特点。齐白石还拓宽了农村题材的范围，吸纳了很多新的或从前不受重视的题材，如虾、蟹、青蛙、蟋蟀、鸡雏、葵花和农具"[30]。齐白石衰年变法期间，其作品的受众，并非有着同样生活经验与视觉通感的农民阶层，而是都市中新兴的市民阶层与文化精英阶层。虽然也有观音、钟馗等满足一般民众视觉愉悦需求的民间传统吉祥喜庆题材，但是齐白石在都市中执着于描绘自己最为熟悉的乡土生活，倾力展现这种生活场景的视觉符号，是大多之前在传统文化中惯被士大夫阶层所不齿与不屑的民间"俗物"。[31]齐白石将自己的农民生活与民间体验进行了系统的视觉整合，结合技法上的创新，用尽显"民俗"且摆脱传统绘画过于讲求笔墨矫饰效果的"质朴"画面，去冲击和刺激着以市民为受众的都市商业文化。这完全是一种"由下而上"的视觉革命，从结果看，齐白石的"革命"获得了成功。虽然这种成功也有很多偶然性的因素存在，但是其中较为重要

29　[美]乔纳森·海：《齐白石：三个问题》，载王明明主编《齐白石国际研讨会论文集》（下），文化艺术出版社，2010，第 437 页。

30　[美]乔纳森·海：《齐白石：三个问题》，载王明明主编《齐白石国际研讨会论文集》（下），文化艺术出版社，2010，第 438 页。

31　中国古代也有对于民间"风俗"的探讨与关注，但是文人士大夫更加在意的是"风俗"塑造与政权良莠之间的密切关系，"风俗"概念也由此往往被赋予了政治教化的意涵。相关探讨参看畏冬：《中国古代风俗画概论》（上），《故宫博物院院刊》1991 年第 3 期。

齐白石　老鼠偷吃葡萄　纵 94 厘米　横 51 厘米　无年款　北京画院藏

的推动力，即来自"自上而下"的价值重估。当时有关民间歌谣的收集，是民俗学研究的重点。周作人于 1914 年刊载"启事"道：

> ××今欲采集儿歌童话，录为一编，以有越国土风之特色，为民俗研究儿童教育之资料。即大人读之，如闻天籁，起怀旧之思，儿时钓游故地，风雨异时，朋侪之嬉戏，母姊之语言，犹景象宛在，颜色可亲，亦一乐也。第兹事体繁重，非一人才力所能及，尚希当世方闻之士，举起所知，曲赐教益，得以有成，实为大幸。[32]

32　王文宝：《中国民俗学史》，巴蜀书社，1995，第 202 页。

周作人所写的"启事"内容，几乎都能找到齐白石的相关绘画母题与此相对应。"艺术家在变化之脉络中所思考的经常不只是其艺术之新旧与否的单纯问题而已，更重要的实是其艺术如何与当下社会中其他成员互动，而参与至社会文化中之某个价值形塑过程之中，因为只有如此，其地位才能得到认同，而其艺术方能得到具吸引力的合法意义。"[33] 因新文化运动兴起而导致的民俗学兴盛，拉近了文化精英阶层与底层民众之间所横亘的雅俗鸿沟与心理差序，齐白石或自觉或不自觉地体悟到了这种正在形成的新的文化价值观，"引车卖浆之徒所操之语"也可上升到"神圣的学术殿堂、文学艺术殿堂"，齐白石在拥有新式知识人身份的金城、陈师曾等社会精英所主导的民初北京画界中描绘乡土生活的直率坦然，甚至可以说是一种"民间智慧"的自信体现。身为文化精英阶层的陈师曾可以描述"不登大雅之堂"的"北京风俗"，且能获得传统画界的认可，被评价为"雅有士气"抑或"文人墨戏"，[34] 齐白石在公共领域将其变法之功全然推至陈师曾所赐，不得不说隐含有期望获得与陈师曾一样的社会舆论接纳与画界认同的目的。[35]

齐白石于 1919 年至 1921 年间突然出现的变法焦虑，既有

33　石守谦：《从风格到画意：反思中国美术史》，三联书店，2015，第 386 页。

34　在 1920 年之前，陈师曾相关融合中西因素的新式绘画作品，如《读画图》《姚华小像》《北京风俗图册》等极显新意与实验意味。在评价这些作品时却产生了画者与观者的理解罅隙。"但陈师曾及其友人采取不同态度来看待《北京风俗图册》的情形，却似乎更为复杂。其不仅显示清末民初的画家与观者在面对中西融合画风时，似乎'不愿'正面看待也无法准备对话的尴尬情形，也牵涉到原属中国下层文人或民间画师擅长的风俗题材，在民初新式知识分子手中被重新认识，却仅能使用一套既有评价词来涵盖的窘境。"参看卢宣妃：《陈师曾的绘画新貌与民初新式知识分子的文化实践：以〈北京风俗图册〉为中心》，台湾师范大学 2003 年硕士学位论文，第 32 页。

35　齐白石与陈师曾的交往关系，包括陈师曾对齐白石的变法影响程度深浅与否，实际尚有着一些商榷空间，详情参看张涛：《草头露与陌上花：齐白石北漂三部曲》，广西美术出版社，2018，第 111—147 页。

齐白石　游虾图　纵 66.6 厘米　横 34.3 厘米　1949 年　辽宁省博物馆藏

个体风格语言经年积累后试图实现自我突破的欲望驱动，同时也有五四运动的余波所带来的社会风气影响。"五四运动所有这些倡议的一个关注焦点是让普通人的声音登上大雅之堂。"[36]日常所使用的语言文字成为革新的焦点。"中国从古以来圣贤之徒底所有的礼教气极重的古文辞，只是国圣文学，而不是国民文学，国民文学的最大条件，要从大多数民众里面产生，而不是少数圣贤之徒的专利品。"[37]1921年，胡适开始在北大讲授国语文学史，同时着手编写《白话文学史》。"胡适从民间白话文学的角度钩沉出已经绵延上千年的白话文传统，尤其为清末已蓬勃发展的白话文重新定位，彻底打破了士大夫和下层民众在语言上的不可同日而语的界限，将原来为'引车卖浆之徒所操之语'提升到神圣的学术殿堂、文学艺术殿堂，把民间白话文学提升到文学正宗的位置。"[38]除去白话文运动对民间文化价值的再发现，由胡适与傅斯年在1919年所发起的"整理国故运动"，也"引发了学者对民间风俗文化价值的重视，对民众智慧的重新认识，对知识分子自身的反思，以及对学问大小、高低贵贱的重新评判"。[39]这种知识精英阶层观念嬗变对普通民众的影响所及，以致齐白石在坚持变法创新后获得画界一些保守人士所谓"野狐禅""荒唐绝伦""最恶劣者"等负面评语时[40]，依然能信誓旦

36　[美]乔纳森·海:《齐白石：三个问题》，载王明明主编《齐白石国际研讨会论文集》(下)，文化艺术出版社，2010，第438页。
37　穆罗茶:《国民文学》，《艺术界周刊》1927年第19期。
38　周全明:《中国近代民族主义的兴起与现代民俗学的发生》，《民间文化论坛》2010年第4期。
39　同上。
40　张涛:《画家生活与教授生涯——齐白石与国立北平艺专过往考略》，《美术研究》2013年第3期。

齐白石　渔家乐　纵 100 厘米　横 33 厘米　无年款　辽宁省博物馆藏

旦地自我肯定道："然五百年后盖棺，自有公论在人间"。[41] 能说出这番话的底气所在，实际正是出自老人家对于新的社会思潮与文化风尚的敏锐嗅觉。

"从整体上看，五四运动时期的新文学革命表现出反对'文以载道'和将白话文作为国语的趋势。"[42] 胡适在读到齐白石试图请他编写年谱所提供的相关日记诗文材料时感叹道：

> 我读了这些材料，很喜欢白石老人自己的文章。我觉得他记述他的祖母、他的母亲、他的妻子的文章，都是很朴素真实的传记文字，朴实的真美最有力量，最能感动人。他叙述他童年生活的文字也有同样的感人力量。他没有受过中国文人学做文章的训练，他没有做过八股文，也没有做过古文骈文，所以他的散文记事，用的字，造的句，往往是旧式古文骈文的作者不敢做或不能做……这都是他独有的风趣，很有诗意，也很有画境。[43]

作为白话文运动的旗手，胡适评述的虽然只是齐白石的文字，但是换成"画作"也是一语中的。齐白石早年的视觉经验，所受视觉训练，大多来自民间素材，包括《芥子园画谱》等，以及"六出六归"的实地写生。齐白石并没有在传统画学谱系中纠缠往复，抑或沉浸在所谓文人画传统中的传移模写与仿临

---

41 《壬戌纪事》，载北京画院编《人生若寄：北京画院藏齐白石手稿日记（下）》，广西美术出版社，2013，第333页。
42 [美]周策纵：《"五四"运动史》，陈永明、张静等译，世界图书出版公司北京公司，2016，第279页。
43 胡适编纂：《齐白石年谱》（胡适自校本），胡适纪念馆，1972，第2—3页。

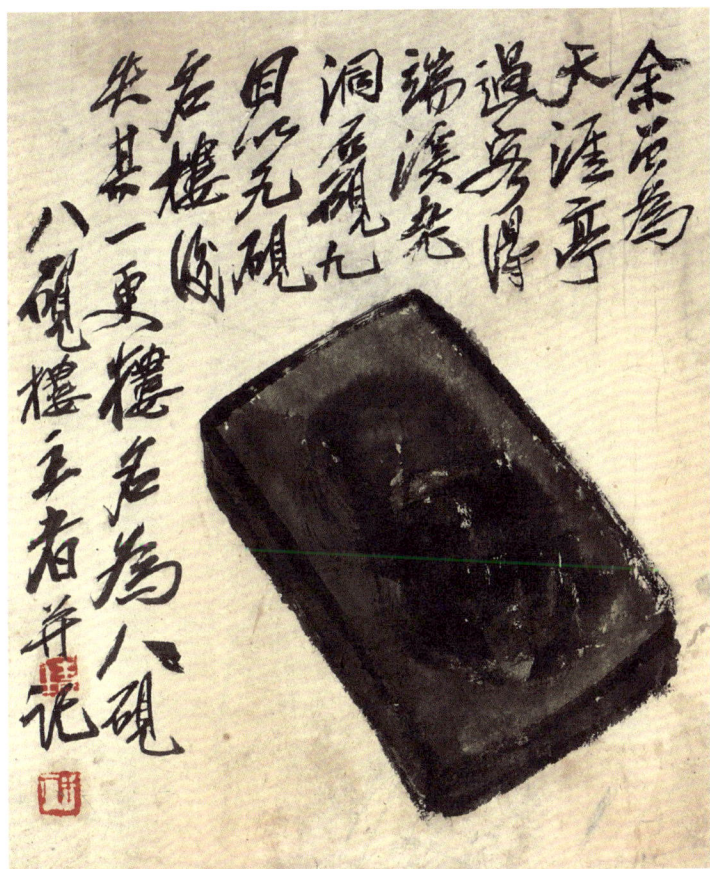

余之为天涯亭过琴弈得端溪花洞石砚九且以先砚名楼及其一更楼名为八砚楼主者并记

齐白石　砚台　纵 30 厘米　横 25.5 厘米　无年款　北京画院藏

臆造中不能自拔。他的学习过程，更像是一种游离于正统画坛之外的"野蛮生长"，虽然有着某种传承意义上的"缺失"，但是反而可以因为没有多少历史包袱轻装上阵。同样齐白石的绘画语言，尤其是衰年变法后的艺术风格，也是传统国画家"所不敢做也不能做的"。撷取胡适评语中的关键词："风趣""诗意""画境"，齐白石的文字与绘画，只不过是其作品风格在美学意义上的一体两面。齐白石曾积极向传统文化精英阶层靠拢，也曾经有过试图获得文人身份认同的持续焦虑，但是这种刻意模仿的矫饰徒劳，似乎在1919年定居北京之后就烟消云散了。"1919年至1920年，齐白石终于完全撇清了自己绘画中圆滑世故的一面，转向一种说明式的直白性。这种风格语言从此稳定下来。它有很多构成要素：刻意的朴拙感、有时显得过于艳丽的说明式色彩、审慎的作画过程、晕笔的使用、一目了然的图像、工匠一般的构图平衡方式、题词中对于个人经历的提及等。其最重要的主张是真诚，这就要求齐白石掩饰自己的修辞技巧。"[44]这正是齐白石自己通过画笔，所创造的"白话文"写作。

罗志田先生指出，所谓五四运动有广义狭义之分，狭义多指涉1919年的学生运动。广义的五四运动，则与新文化运动同义，有着更宽广的上下时限。新文化运动真正改变历史的地方，即为白话文。白话文的确立，是比"德先生"和"赛先生"有着更直接更显著且更持久的影响。[45]齐白石变法后的画作讲求画面及题跋的直接性、简洁性，其"一目了然的图像"语言实

44　[美]乔纳森·海:《齐白石:三个问题》，载王明明主编《齐白石国际研讨会论文集》，文化艺术出版社，2010，第438页。
45　罗志田:《体相与个性:以五四为标识的新文化运动再认识》，《近代史研究》2017年第3期。

际暗合了白话文的时代要旨——通俗易懂。白话文的使用，是中国从古代社会走入现代社会的一个重要标识，用文字形塑了民族国家的现代形象。身为职业画家且并不热衷参与公共事务的齐白石，虽然未必能上升到"文学革命"抑或"中国画改良"的高度来看人看事，但是画家对于同时代拥有社会话语权的文化精英的某种文化价值的主动形塑趋势，不会无动于衷。而参与其中的方式，则有或显或隐两种路径，徐悲鸿即属前者，齐白石则属后者。齐白石将其有着青史留名意味的年谱编写重任，特意交予了新文化运动的领军人物，更确切地说是白话文运动的主导者，绝非简单地慕名而至，实际更是对一种正在形成的新的文化价值观的认同与确证。1927 年，齐白石受邀任教于"北京艺术专门学校"，他为钻研教学方法还专程登门求教于另一位"白话文运动"的先锋——语言学家黎锦熙。[46] 由新式文化精英所一再鼓吹的"求新""趋新"意识，实际已经在普通民众间开花结果。

46　胡适、黎锦熙、邓广铭编纂:《齐白石年谱》，商务印书馆，1949，第 32 页。

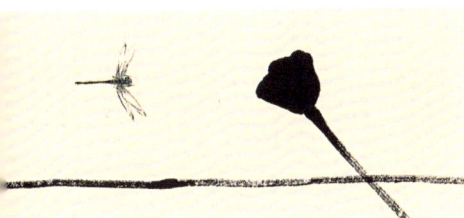

二 ｜ 花甲新人

新文化运动促成了历来眼睛朝上的文化精英关注视野的民间向下转移。当然这种对于民俗和民间文化的重视与关怀，毕竟还是以一种精英之眼去审视，其筛选的原则，多少还保有一定的知识人门槛与精英品位。1933 年，由郑振铎和鲁迅合作印行的《北平笺谱》出版。其时报刊刊登广告道："北平笺谱，郑西谛鲁迅合编，预约价十二元……凡六巨册，印刷精良，绘画精工，十竹斋之风流余韵复得见于今日，未始非言中国木刻画者之佳音也。"[1]首先六册十二元的预约价，以当时北平物价来看绝非低廉。黄宾虹 20 世纪 30 年代来到北平租房居住，"三十元左右，可得十余间"。[2]《北平笺谱》如此定价，自然绝非销售给"引车卖浆之徒"或一般民众。鲁迅在《北平笺谱序》中言及制作由来：

> ……及近年，则印绘花纸，且并为西法与俗工所夺，老鼠嫁女与静女拈花之图，皆渺不复见；信笺亦渐失旧型，复无新意，惟日趋于鄙倍。北京风为文人所聚，颇珍楮墨，遗范未堕，尚存名笺。顾迫于时会，芩落将始，吾修好事，亦多杞忧。于是搜索市廛，拔其尤异，各就原版，印造成书，名之曰《北平笺谱》。于中可见清光绪时纸铺，尚止取明季画谱，或前人小品之相宜者，镂以制笺，聊图悦目；间亦有画工所作，而乏韵致，固无足观。宣统末，林琴南先生山水笺出，似为当代文人特作画笺之始，然未详。及中华民国立，

---

1 《图书季刊》，1934 年第 1 卷第 2 期。
2 王中秀编著《黄宾虹年谱》，上海书画出版社，2005，第 379 页。

曾牧星塘屋後
白石老人製

齐白石　芳草游猪　纵 67 厘米　横 34 厘米　无年款　北京画院藏

《北平笺谱》复刻版　1958 年　北京画院藏

义宁陈君师曾入北京，初为镌铜者作墨合，镇纸画稿，俾其雕镂；既成拓墨，雅趣盎然。不久复廓其技于笺纸，才华蓬勃，笔简意饶，且又顾及刻工省其奏刀之困，而诗笺乃开一新境。盖至是而画师梓人，神志暗会，同力合作，遂越前修矣。稍后有齐白石、吴待秋、陈半丁、王梦白诸君，皆画笺高手，而刻工亦足以副之。辛未以后，始见数人，分画一题，聚以成帙，格新神涣，异乎嘉祥。意者文翰之术将更，则笺素之道随尽；后有作者，必将别辟途径，力求新生；其临睨夫旧乡，当远俟于暇日也。则此虽短书，所识者小，而一时一地，绘画刻镂盛衰之事，颇寓于中；纵非中国木刻史之丰碑，庶几小品艺术之旧苑；亦将为后之览古者所偶涉欤。[3]

鲁迅将画笺纳入亟须拯救的民俗序列，但是其缘由除去惋

3　《北平笺谱序》，载鲁迅：《鲁迅全集》（第七卷），北京日报出版社，2014，第341—342 页。

齐白石　饲雏图　纵 19.5 厘米　横 25 厘米　无年款　北京画院藏

惜于传统印画纸笺行业在近代渐趋凋零之外，包括"印绘花纸，且并为西法与俗工所夺"，虽然"间亦有画工所作，而乏韵致，固无足观"。随后强调北平素为文人荟萃之地，林琴南为"当代文人特作画笺之始"。撷取这篇序言的关键词："西法""俗工""画工""乏韵味"，对应于"文人""画师""雅趣"。鲁迅制作《北平笺谱》虽然是出于一种民俗学意义上的民间关照与非物质文化遗产的抢救性策略，但是很明显他对于画笺内容，还是笼罩在传统文化精英的艺术品位之上所做出的筛选。这种看似矛盾的心理与行为，也正是那个半新半旧过渡时代文化精英的"摆渡人"特质所在。在《北平笺谱》所选定的三百四十幅作品中，

齐白石　多寿　纵 68.5 厘米　横 34 厘米　无年款　北京画院藏

予三十岁后立借山馆
后亲手植
梨树卅
锄株每揰
时必呼郷芭
携刀鍇数年来七十□
良株步时其树犹存否
弘痛知哭郷芭久不招吴
八十五岁白石记乙酉

齐白石　梨　纵 33.5 厘米　横 28 厘米　1945 年　北京画院藏

齐白石　双鱼（《白石老人默妙画册》八开之一）　纵 25.5 厘米　横 35 厘米　无年款　北京画院藏

齐白石的人物与花鸟共计二十二幅选入其中。[4] 数量可谓不少，陈师曾也仅入选三十二幅。很明显，在鲁迅的眼中，已将齐白石纳入具备雅趣韵味的文人画家之列。纵观齐白石的人物画谱系，基本是一条由俗到雅的创作脉络，而文化精英的关照谱系，又反向地从雅到俗——当然，虽然是以俗之名，但是雅俗之辩依然是文化精英内心的焦虑所在。

　　1919 年 12 月，蔡元培发表《文化运动不要忘了美育》一文，在如火如荼进行的五四新文化运动中，大力呼吁道："我们现在除文字界，稍微有点新机外，别的还有什么？书画，是我们的国粹，却是模仿古人的……在这种环境中讨生活，什么能引起活泼高尚的感情呢？所以我很希望致力文化运动诸君，不要忘

4　张楠：《手捻红笺寄人书——北京画院藏齐白石画笺研究》，载北京画院编《齐白石研究》第五辑，广西美术出版社，2017，第 258—279 页。

齐白石　南瓜蘑菇　纵 25.5 厘米　横 35 厘米　无年款　北京画院藏

了美育。"[5] 蔡元培敏锐地发现了新文化运动对于美术的忽略,抑或美术领域对于新文化运动的疏离。这是因为近代中国身处文化大变局之中的文化精英,"大多数却对艺术之事务感到隔阂,表现了不为与不能的双重否定心态,使得这个文化环境的变化显得与以往大为不同。近代中国的挫折经验,促生了教育体制与整个价值系统的改辙,使得传统社会中艺术与人文同体相生的关系,骤然失去了凭借,画风新变的提供者与文化界主流人物失去了互动的来往,此现象终于造成艺术家之间各自本位主义之高涨与冲突,最后则导致互相之排斥。它的结果使得艺术之'变'的争论,虽然喧阗热烈,却逐渐变成某种小群体内之

5　蔡元培:《文化运动不要忘了美育》,《晨报副刊》1919 年 12 月 1 日刊。引自孔令伟、吕澎主编《中国现当代美术文献》,中国青年出版社,2013,第 25 页。

齐白石　出居声响　纵 15 厘米　横 101.5 厘米　无年款　北京画院藏

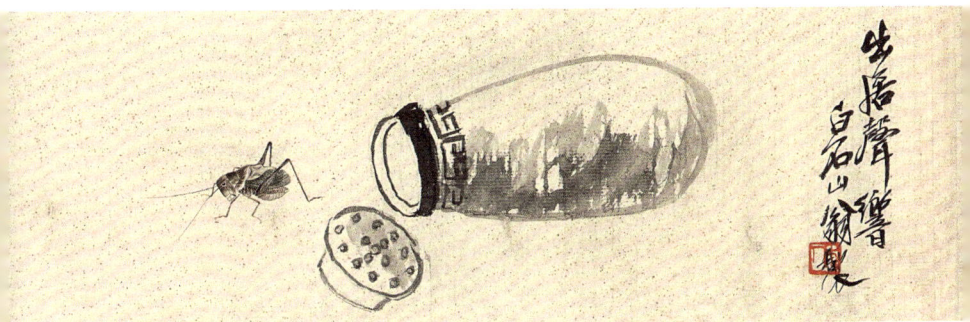

齐白石　草虫图册（局部）　纵 161 厘米　横 20.5 厘米　无年款　北京画院藏

'家务'，无法也无能在整个文化环境中争取共鸣，进而遂行竞争，决定孰为'变'的命运"[6]。这的确是近代中国画之"变"徘徊四顾难以"顺产"的原因之一，但是在 20 世纪初叶以全球化景观的视野审视，这种艺术史之变的难题，并非近代中国所独有。北京画界虽然身处新文化运动所引发的社会文化革新的"风暴眼"，相较于文学或史学领域的激烈应对，北京画界实际处在较为边缘的位置，其整体反应相对滞后，但也不是无动于衷。前引蔡元培的言辞重点还是在普及性的美术教育，就在他发表这番言论的五个月后，民国北方最大的绘画社团——中国画学

6　石守谦：《风格与世变——中国绘画十论》，北京大学出版社，2008，第 14 页。

上：齐白石　白菜　纵 25.5 厘米　横 35 厘米　无年款　北京画院藏
下：齐白石　石榴　纵 25.5 厘米　横 35 厘米　无年款　北京画院藏

研究会，即正式成立。而在思想领域的回应，则源自 20 世纪二三十年代在北京画界兴起的"石涛热"。不仅在相关艺术杂志上对石涛画作抑或事迹多有刊载推崇，画坛名家如陈半丁、胡佩衡等人均曾多有临摹抑或仿作。为何会在此时兴起学习石涛的热潮？有研究者给出的解释是，一为其绘画风格借助现代制版印刷技术得以被画坛人士所认知与接纳；一为日本人对石涛的推崇与重金搜求反向推动了国内画界的石涛热。但是为什么不是八大山人，不是弘仁，而是石涛？

乌以峰在撰写《石涛画语录解》时分析道："胜清季末造以迄今绘风转变，西学东输，破昔日传统之思想而一趋公开研究之途，由是淹沉百余年之清湘老，渐亦为世所注意，而当时难与'四王'抗衡之作品今亦洛阳纸贵矣。"[7]民初时代，康有为、陈独秀、徐悲鸿等对于传统中国画所开出的改革"药方"，大体不脱以西学为师的藩篱。自五四运动之后，对于西方的美好幻想在《凡尔赛和约》签订之后渐次破灭，国中文化精英处在进退维谷的历史风陵渡口，一方面不得不承认西方有着发达的科学与技术，一方面又从主动附会于西方的他者化角色中幡然醒悟，其视野开始由西向东由前往后，试图追溯寻觅能够与西方现代化特质可匹敌，或者说可比拟与抗衡的中国传统文化思想脉络。陈师曾 1920 年之前的画学思想与实践，大体不脱融合中西的改良路线，但是《文人画的价值》一文的横空出世，包括随后刻意将自我设定的文人画四要素中的"技术"更改为"思想"，正是中国文化精英在面对西学强势侵袭的激变时代，到底应该

---

7 乌以锋：《石涛画语录解》，《鼎脔》1926 年第 26 期。

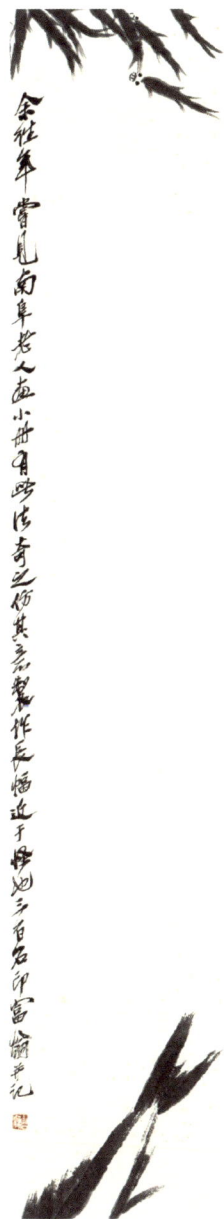

余往年曾见南阜老人画小册自跋法奇之仿其意制作长幅近于胡涂之白石印富瞩平记

齐白石　鱼　纵 138 厘米　横 25.5 厘米　无年款　北京画院藏

如何形塑民族艺术身份这样的时代命题时，所仓促交出的个体答案。[8]"石涛热"的兴起，同样也是这种集体思潮的产物：

> 清初画家石涛在此历史情境下的重新被发现，也是时代的必然。石涛画法纵恣，不同流俗，又有《石涛画语录》及大量的题画文字，高倡反法、创新的口号。在那个变革的时代，石涛属于"被选中"的人。在他的身上，突然被赋予了太多的使命和期望。伴随着20世纪初"石涛热"的兴起，当时的文人与画家们也开始从艺术本体角度检讨中国画衰落的缘由，并从石涛作品中发现了"搜尽奇峰打草稿"的写生经验，以及"我自用我法"的创新精神。[9]

如果将狭义的五四运动，比作一块奋力投入近代中国这潭波澜不惊的湖水中央的小石块，更加广阔的新文化运动则是由"石块"所引发的一环一环波澜，民初画坛"石涛热"兴起的外延与内涵，也是由此所引发的阵阵涟漪。处在这种"涟漪效应"最边缘的齐白石，在民初北平画界即被誉为"当世之石涛"："有果蔬之气，而无闺阁之韵，今之大涤子者非欤。"[10]这种评价既是一种迎合流行时尚的媒介标签，也是为齐白石创新风格所寻觅的合法性谱系所在。齐白石自身对于石涛也极为推崇，而且是在"石涛热"兴起之前早已有之："余尝见之工作，目前观之大似。

8　张涛：《重读〈读画图〉》，《中国国家博物馆馆刊》2018 年第 12 期。
9　张长虹：《吴冠中的艺术观——以〈我读石涛话语录〉为中心的研究》，《美术研究》2018 年第 6 期。
10　《京华耆宿传（二）：齐白石》，《文字同盟》1927 年第 1 期。

三百石印富翁

齐白石　瓜　纵 30 厘米　横 25.5 厘米　无年款　北京画院藏

置之壁间，相离数武观之，即不似矣。故东坡论画，不以形似
也。即前朝之画家，不下数百人之多，瘿瓢、青藤、大涤子外，
皆形似也。惜余天姿不若三公，不能师之。"[11] "青藤、雪个、大
涤子之画，能横涂纵抹，余心极服之，恨不生前三百年。或求
为诸君磨（墨）理纸，诸君不纳，余于门之外饿而不去，亦快
事也。"[12] 齐白石的绘画营养大多汲取自新鲜活跃的民间文化，与
此相比其传统精英文化的历史包袱较少，齐白石的"趋新""求
新"意志，也较那些传统派画家更为强烈，他之所以推崇石涛，
更像是自我心性的外延表达，也在无形间契合了新文化运动之
后的时代氛围。

　　齐白石对自我变法创新的自信与肯定，某种程度上也源自
对于石涛的精神追溯："余想来之视今。犹今之视昔。惜我不能
知也。"[13] 一个值得玩味的现象是，虽然他的北京画坛同人高擎"石
涛热"，或评或摹，喧嚣一时，但是真正将所谓"搜尽奇峰打草稿"
与"我自用我法"的精神，于自己的绘画创作中去领会践行并
获得成功的，却是新文化运动所引发的"涟漪效应"中最边缘
的一环——齐白石。

　　虽然齐白石完成了自我的"衰年变法"，但又恰恰是与文化
精英群体的相对疏离，使得其并没有担负起高擎中国画改良引
领形塑时代风格的重任。换句话说，当时的北京画界中实际与
五四精神最相契合的画家，却反而是与五四运动和主流画坛最
为游离的角色，这也恰是历史的吊诡之处。

11　北京画院编《人生若寄：北京画院藏齐白石手稿日记（上）》，广西美术出版社，2013，第 198 页。
12　北京画院编《人生若寄：北京画院藏齐白石手稿日记（下）》，广西美术出版社，2013，第 248 页。
13　同上。

宁抱顽残食
不在芋魁牛粪
六千撼白屠人屋
翼之先生画又题

借山老人齐白石製

齐白石　芋叶　纵 101 厘米　横 32.5 厘米　无年款　北京画院藏

齐白石　五雏　纵 22 厘米　横 31 厘米　无年款　北京画院藏

　　"五四运动的主流向来都不是要复活古代精神。如果说有所复兴,那也是由西学输入而导致的对中国古文化真实本质的重新挖掘。现代世界的新学成为五四运动的推动力,而对文化遗产的重新挖掘,不过是这些新学的果实之一罢了。"[14] 齐白石的衰年变法,也正是如此时代发展逻辑下的"意外"所得。"走向民众",成为五四运动之后文化革命者所要思考与实践的核心问题之一。"由胡适与陈独秀等人所发动的'白话文运动'之所以坚持以白话文为唯一合法的新文学语言,原因即在于那才是属于全体群众的活生生的语言,只有借此媒介,新文学中所要传达的革新理想才能触及民众,进而产生力量。文学的革新是如此,

---

14　[美]周策纵:《"五四"运动史》,陈永明、张静等译,世界图书出版公司北京公司,2016,第 325 页。

齐白石　蟹篓　纵 33 厘米　横 28.5 厘米　无年款　北京画院藏

其他的新文化运动也莫不作此思考。"[15] "民俗学""白话文运动"等这些由五四新文化运动促使茁壮发展起来的文化趋势，让精英文化与大众文化间的界限与隔阂趋于模糊与互融，同时也让民众思维与民间智慧能够获得主流社会精英确证的期望值得到极大提升。齐白石与他的时代环境所产生的共振与共鸣，多是依赖一种敏锐的直觉与天性：

　　我们所看到的，远远不是一些因剧烈的社会变迁和价值

15　石守谦：《从风格到画意：反思中国美术史》，三联书店，2015，第 387 页。

齐白石　萝卜　纵 22 厘米　横 31.5 厘米　无年款　北京画院藏

断裂而焦虑不安、彷徨无措，继而失去自信或抱残守缺的国人，也不是以实用主义至上的原则来虚无一切价值的"聪明人"，更不是一群因自己优先接触到了新式的教育和生活方式就抛弃传统和身份的"全盘西化"论者。他们拥抱"现代"，却又保持一个古老文明所特有的美感和生活态度，把传统文化所积淀下来的社会与文化理想赋予新的语汇和结构。他们正努力把作为外来威胁的"现代性"驯化为一个社会内生的创新力量。[16]

齐白石在衰年变法成功，已然立足画界之后，有一首颇能

16　吴靖：《文化现代性的视觉表达：观看、凝视与对视》，北京大学出版社，2012，第 123 页。

齐白石　葡萄　纵 22 厘米　横 31.5 厘米　无年款　北京画院藏

自证心境的题诗："铁栅三间屋，笔如农器忙。砚田牛未歇，落日照东厢。"[17] 言语间高墙外面的政局动荡、画界革命、文化运动统统与他无关。但是，当齐白石在 1919 年春寒料峭的湖南乡下，做出了那个看似平淡无奇的北漂决定时 [18]，一位年近花甲的"五四"新人，就已经诞生了。

17　《中华周刊》1945 年第 11 期。
18　北京画院编《人生若寄：北京画院藏齐白石手稿日记（上）》，广西美术出版社，2013，第 181 页。

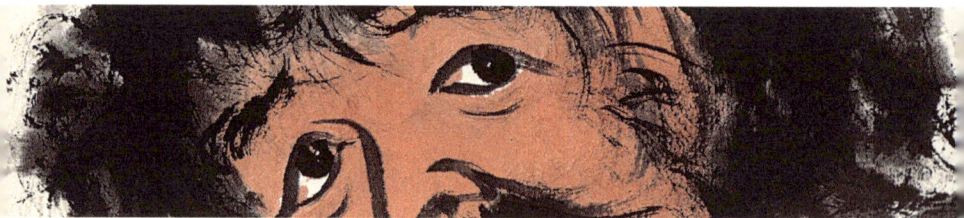

三

铁拐李

　　齐白石是近现代中国画坛少有的山水、人物、花鸟、篆刻兼擅的大家，艺术史往往将花鸟画作为他个人的风格标签。但是齐白石最早描摹和擅长的题材，却是人物画。齐白石早期人物画线条较为纤弱，偏于工致拘谨，大体不脱道咸年间民间人物画风格范畴。齐白石早期人物画的学习渊源：一为汲取民间画像方法，这在他的相关回忆录中已多有陈述；二为《芥子园画谱》，其山水画中的点景人物，许多更是直接撷取略加变形。另外在齐白石五出五归之前，也受到一些湖湘地域名家的影响。如齐白石曾学习尹和白画法，而尹和白除世人所知擅长梅花外，较少为人道的是，在曾国藩幕府客座之时，尹和白与曾纪泽相友善，二人曾共同研习照相术，"为湖南谙照相者第一人"。[1] 齐白石早年所绘人物，极有照片特色，如《谭文勤公像》(藏于台北故宫博物院)、《沁园夫子小像》、《黎夫人像》。前辈学者已指出其很有可能依照片而出。[2] 虽然实用照相术自法国人达盖尔于 1939 年发明之后，很快就传入中国，但是直到 19 世纪晚期，一般平民百姓仍然视摄影为神秘的、具有威胁的和难以掌控的妖术，更有摄影即会被摄魂、拍摄半身类似腰斩一类流言在民众间传播。担任清帝国税务总监的英国人赫德，在齐白石诞生的那一年于自己的日记中写道：

　　　　京城最近谣言四起，说外国人买来中国孩子，然后挖去他们的双眼，去做拍照的药剂。最近总有孩子被绑架，失

1　瞿兑之：《齐白石翁话语录》，《古今》1943 年第 35 期。

2　王耀庭：《谭延闿家藏齐白石画印二事》，载北京画院编《齐白石研究》第五辑，广西美术出版社，2017，第 176—181 页。

左：费丹旭　纨扇倚秋图　纵 149.8 厘米　横 44.6 厘米　无年款　上海博物馆藏

右：钱慧安　人物屏条　纵 175.5 厘米　横 41.5 厘米　无年款　北京画院藏

踪……官府抓了一些中国人贩子，据说他们会给孩子灌下一种黄绿魂汤……[3]

鲁迅在其 1927 年出版的《坟》一书中即有《论照相之类》一文，依然提到民众这种对于摄影的恐惧与诋毁。加之照相价格不菲，这就为民间肖像画工提供了可以发挥的空间。借此齐白石练就了精湛的民间画像技艺：

那时照相还没盛行，画像这一行手艺，生意是很好的。画像，我们家乡叫做描容，是描画人的容貌的意思。有钱的人，在生前总要画几幅小照玩玩，死了也要画一幅遗容，留作纪念。[4]

民间肖像绘画与照相术似乎在特定的时空成为既矛盾又和谐的一体两面，一般老百姓不愿意面对照相机镜头被"摄魂"，又羡慕摄影术所呈现的"真实"效果。齐白石的画像技法，也就与这样的社会认知与市场需求息息相关。然而值得玩味的是，也有愿意面对摄影镜头的平民大众，但却是另外一番动机所驱使：

因此，人们把我当作"催命鬼"，不让我给孩子拍照片。不过，矛盾的是，在这个奉行"孝道"的国家，儿女们会带他们年迈的父母来让我拍照，以获得微薄的酬金。这些酬金

3　[英]泰瑞·贝内特：《中国摄影史：中国摄影师 1844—1879》，中国摄影出版社，2014，第 18 页。
4　齐璜口述、张次溪笔录《白石老人自传》，人民美术出版社，1962，第 32 页。

齐白石　沁园夫子五十岁小像　纵 65.3 厘米　横 37.5 厘米　1896 年　辽宁省博物馆藏

被用来为老人置办棺材，料理后事。送钱的仪式常常很隆重，而老人在拍照后就在家中等死……[5]

　　齐白石早年绘《黎夫人像》，凤冠霞帔及地面纹饰，使用中国传统画法工笔重彩细致描摹，而头部刻画则明显与其他部分并不匹配，面部明暗阴影及五官造型栩栩如生，可以确信是依照片所绘。两种画风的生硬嫁接，呈现出一种颇显怪异的视觉体验，如同将照片头像拼贴在画作之上一般。由中国籍摄影师于 19 世纪 70 年代所摄的《中国官员妻子》，包括当时还有一种

5　[英] 泰瑞·贝内特：《中国摄影史：中国摄影师 1844—1879》，中国摄影出版社，2014，第 21 页。

齐白石　黎夫人像　纵 129 厘米　横 69 厘米　约 1895 年　辽宁省博物馆藏

先拍摄成像后手工上色的新颖方式，则大体可以寻觅到齐白石如此处理画面的渊源所在。

齐白石早年偏于工致一路画风，也受到类似阙雯山这样的地域名家影响，虽然这是一个在画史并未留下太多笔墨的名字。瞿兑之回忆道：

> 白石翁善作工笔草虫，世人皆知之矣。其画派与尹和白同，与先会大父亦同。由是可知湖湘画派之必为一脉相传，而流衍各殊其异。尝考之嘉道间画家阙雯山之事迹，而知其果然。画史于雯山多语焉不详。唯宁乡黄虎癡（本骥）三长物斋文略中，有阙雯山我我图记及八十寿序，颇有珍贵之史料。其言略云：

上：阿芳（照相馆）中国官员妻子　19世纪70年代
（引自《中国摄影史：中国摄影师1844—1879》，中国摄影出版社，2014，第84页）
下：丽昌（照相馆）中国将军Ko-Lin　1853年　手工上色银版照片
（引自《中国摄影史：中国摄影师1844—1879》，中国摄影出版社，2014，第130页）

先生世居枞阳，挟艺外出，所历多名山胜水，所接多高人逸士，流寓湖湘近四十年，每出一画，名公钜卿争购藏之以为重宝，得意之作往往持以赠人，心所弗善，易以重金顾也。而其画笔以丹青工细为务，禽兽之羽毛，草木之华叶，人物之丰神态度，无不求工于楮墨之外。径尺之绢，累日始成。踵门来请者未敢以能事相促。故其所作，能自信必传。性喜客，每宴客治馔必精，不使一面生者相杂。平生鬻画之资，缘手立尽……观雯山之为人，而嘉道间老辈风流如见，如尹齐二翁者盖皆得其流风余韵者也。[6]

6　瞿兑之：《齐白石翁话语录》，《古今》1943年第35期。

阙雯山虽为安徽人，但流寓湖湘一带四十年，他的作品为地方缙绅所看重，风格也必然为后学所向。有关阙雯山的历史记载寥寥，清《黄本骥集》记有："枞阳阙雯山翁，老画手也。东南名胜之区，游历殆遍。每遇山水奇绝处，辄濡笔作图，笔法既精，征以目验，故能绘水有声。"[7] 虽然有关齐白石早年学人物画的经历，学者多依其自述所言，认为萧传鑫授业为要。但所谓转益多师，以目前所见阙雯山仕女人物，对比齐白石早年仕女画作，如《麻姑进酿图》，颇有雷同之处。当然阙雯山画风大体不脱道咸年间人物画特点，但此际齐白石尚未开始远游，其活动地点也尽在湘潭、长沙一带，当时类似报刊画册之类新兴媒介尚未流传普及，齐白石目所能及，也仅限于缙绅家藏。阙雯山"所接多高人逸士，流寓湖湘近四十年，每出一画，名公钜卿争购藏之以为重宝"。[8] 这些藏家中自然包括瞿鸿禨、王湘绮等与齐白石多有过往和交集的湖湘"名公巨卿"。齐白石书法早年苦学湖湘一带颇为风行的何绍基体，画法实际也是同理。

齐白石人物画风变革肇始，与他的山水画风相似，大体在其五出五归之后。此间眼界渐开见识愈广，开始着力学习前辈画法，尤以金农、罗聘等清中期寓居扬州的职业画家为主。如齐白石的一系列罗汉图，与罗聘的画作风格极为类似。包括金农的人物画作，如金农的《罗汉像》，齐白石即曾用白描的形式意临。从这些近似图像的对比可见，齐白石有着极强的临摹和融会能力。但是值得玩味的是，他刻意在画稿中寻找一种看似

7　瞿兑之：《齐白石翁话语录》，《古今》1943 年第 35 期。
8　同上。

铁拐李

齐白石　麻姑进酿图　纵130厘米　横67.5厘米　1894年　中央美术学院藏

左：金农　罗汉像　纵 133 厘米　横 20.5 厘米　无年款　天津历史博物馆藏
右：齐白石　人物稿　纵 62.5 厘米　横 33.5 厘米　无年款　北京画院藏

古拙和随意的笔意，省却了很多细节，换句话说，虽然是临摹，但更确切地说，是一种意临。为什么这样处理？与齐白石颇为亲近的瞿兑之一语中的：

尝谓我辈诗文所以不能超妙，皆由幼时读古人之作太熟，为习气所束缚而不自觉耳。余生平接跡两贤，皆谙合此意。陈散原一生不临帖，亦自承不能书，然散原书之佳处远出能

左：齐白石　人物稿　纵 51 厘米　横 33 厘米　无年款　北京画院藏
右：齐白石　达摩过江稿　纵 113 厘米　横 66 厘米　无年款　北京画院藏

书者之上，齐白石亦不蓄古画，不临古本。惟白石自言昔年
蓄意玩索徐青藤，固犹非绝不观古画者。大抵飞行踪迹，非
神人不能。下乎此者则遗貌取神已为上乘，白石独抒胸臆之
作，实足照映千古。[9]

　　齐白石极具艺术敏感度，早年习画经验，其实已经让他具
备极强的临摹能力，并非画得不像，实际是不愿意画像。齐白

9　瞿兑之：《齐白石翁话语录》,《古今》1943 年第 35 期。

齐白石　佛像稿　纵 53 厘米　横 19 厘米　无年款　北京画院藏

石在偏于工致一路的画风研习中，很快领悟到"生"的重要。"熟"虽然能生"巧"，但也会形成程式化的习气，画家笔下的人物很容易被格式化，只有保持生涩感，对于图像的敏锐度和个体心性中的创造力才不会匮乏。齐白石早年所临摹的画稿，往往令观者有着似是而非的感觉，其实正是齐白石近"生"远"熟"的有意识尝试。

1919 年，齐白石三上北京正式开始其职业画家生涯，第二年在看到黄慎画作之后所受触动颇深："此人真迹余初见也。此老笔墨放纵，近于荒唐，效之余画太工致刻板耳。老来事业转荒唐。"[10] 黄慎为寓居扬州的职业画家，虽然其画作题材多为迎合市场所作，但用笔放纵率直，极具生活气息。黄慎的画作对齐白石触动之大，齐白石在日记中记到此处，还特意在"老来事业转荒唐"之后，用篆书缓慢写下"业""荒"二字。这种现象在齐白石日记手稿之中极为罕见。而且在观看黄慎画作后的第二天，又再次表示了强烈的变法决心："余昨在黄镜人处获观黄瘿瓢画册，始知余画犹过于形似，无超凡之趣，决定从今大变，人欲骂之，余勿听也；人欲誉之，余勿喜也，人喜变更，不独天下官吏行事也，余画亦然。"[11] 实际早在 1913 年，齐白石所作《李铁拐像》，即已显示出"荒率"气息。甚至在笔墨造型的气质上已有与黄慎人物画作暗合之处。虽然与之相比，齐白石此时在浓墨与淡墨交错的控制上还不是很娴熟，表现人物衣纹的墨线

10 《己未日记》，第 22 页，载北京画院编《人生若寄：北京画院藏齐白石手稿日记（上）》，广西美术出版社，2013。
11 《己未日记》，第 24 页，载北京画院编《人生若寄：北京画院藏齐白石手稿日记（上）》，广西美术出版社，2013。

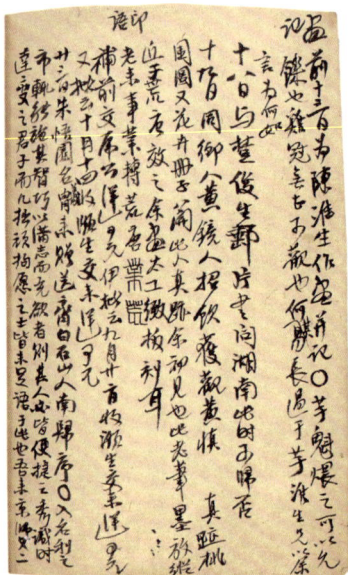

齐白石　己未日记　1920 年　北京画院藏

多有含糊不清处，头颈肩关系上交代得也不是非常明晰简练，包括面部与手部的敷色，也不是后来的平涂方式，而是试图用颜色表现出人物的一些明暗阴影的结构关系，包括五官与下颌的设色，这大概是早年民间肖像画的技法规训所致。这幅画作整体看更像是齐白石的试验品，繁复有余简练不足，笔墨"放"得太开"收"得不多。在造型的分寸感和笔墨的节奏感上尚显稚嫩。

辽宁省博物馆藏齐白石《醉翁图》，作于 1918 年，绘一老翁依葫芦醉眠状。齐白石于画面题记："尘世难看，常假一醉，我亦叹然，何况神仙也？戊午三月避兵紫荆山下画此为赠，亦以遣愁，不能工也。"还有一幅创作时间相距不远的《洗耳图》，

齐白石　二僧稿　纵 54 厘米　横 19 厘米　无年款　北京画院藏

黄慎　杂画册之一　纵 23.7 厘米　横 34.7 厘米　无年款　上海博物馆藏

绘一老者席地而坐挑耳状，画面题记："风声鹤唳，几不堪闻，此翁洗耳，厌闻世事耶。欲空其耳，与闻世事耶。人所谓翁也，余知翁欲窃闻其快，以口以雪，所恨此翁，此翁以余为知人否？戊午夏时，吞声草丛之中，谛地作也，老萍并记。"按题记所述，这两幅作品作于 1918 年的夏天。齐白石在自述中曾非常生动地描述了此时的逃难生活：

> 吞声草莽之中，夜宿于露草之上，朝餐于苍松之阴，时值炎夏，浃背汗流，绿蚁苍蝇共食，野狐穴鼠为邻，殆及一年，骨如柴瘦，所稍胜于枯柴者，尚多两目而能四顾，目睛莹莹然而能动也。[12]

12　齐璜口述、张次溪笔录《白石老人自传》，人民美术出版社，1962，第 69 页。

左：齐白石　醉翁图　纵 73.5 厘米　横 40 厘米　1918 年　辽宁省博物馆藏
右：齐白石　洗耳图　纵 73.5 厘米　横 40 厘米　1918 年　辽宁省博物馆藏

　　画面上悠闲安逸的神仙醉态和自得其乐的挑耳老者，与齐白石此刻的实际遭遇形成了强烈反差。齐白石用这两幅人物画作表达了内心的逃避与向往，反讽与自嘲，同时也是试图通过图像表达来舒缓自我的生活焦虑。齐白石衰年变法后的人物画，往往蕴含有自传性质的文本意义，这种范式最早即在逃难之际所建立。从这两幅画面的笔墨造型到人物设色，已经摆脱了1913 年《李铁拐像》时的粗率形态，用笔更为简洁而肯定，设色以平涂为主，形神之间的分寸掌握更显成熟。人物面部的变

形方式也已经具备了后期人物画的稚拙意趣。

齐白石在人物画中所蕴藏的变革意识因何产生？石守谦先生对明代吴伟白描人物画作的分析颇具启发：

> 由白描画史的脉络来加以观察，吴伟的浪荡白描风格实在可以说是一大变革。在他之前的白描人物画，表面上简洁平淡，但背后皆包含着庄严的人文意义。其线描运笔之严谨、凝重即以此为生发之动力。它尤其经常被那些在政治上不得意，隐居以求避世的文人士大夫引用之，以表达其高洁、有所不为的矜持心志。但是如吴伟所作的白描，却一反此庄重的古典白描传统，从线条速度、流转、墨色的改变作起，来抒发放纵浪荡的情感。此时不仅白描所作的主题是不合儒家道德规范的浪情，连画者也是浪荡人物。这实在可算是"正统"之外的"非正统"，甚至是"反正统"的白描。明代许多态度保守的文人一再地对吴伟白描人物在其题跋中提出看法，意见虽不见得相同，但却都一致地设法要将吴伟归入李公麟一脉，不肯承认他的白描已自成一体，而其对正统白描的叛离可以有其存在的价值。[13]

吴伟摆脱传统儒家付诸视觉形象的道德规范，直接表达内心情绪的白描画作，在当时士大夫群体中引起争论，甚至被斥责为"画家魔"。[14] 但这并不能否认吴伟于人物画史上的突破意

13　石守谦：《浪荡之风——明代中期南京的白描人物画》，《美术史研究集刊》1994年第3期。
14　同上。

经年不曾作画况笔破
意弱不能应手知者自知
癸丑寿萍翁

齐白石 李铁拐像 纵 77.5 厘米 横 40 厘米 1913 年 北京画院藏

义。更重要的是，由明至清，一些极具个性的画家，开始正视自我的切身感受与真实情感，附加在人物画作上的那套儒家教化体系中的道德意涵，抑或表达传统文人士大夫空谷幽兰隐逸之心的怡情功能消退，画家个体开始觉醒，个性逐渐得到解放。清任熊绘《自画像》，此作纵 177.5 厘米，横 78.8 厘米，几乎与真人等大（虽然据史料记载画家本人身材矮小）。以半裸身姿挺身而立直视画外观者，造成一种视觉上的平视效果，以此来体现一种绘者与观者身份上的平等对视。其以铁线描描摹衣纹，气势恢宏刚硬，极具清末民间所兴起的任侠气质，一扫晚清人物画纤弱萎靡暮气。画面大段题跋文字，表达了自己一生英豪志向难以施展，白云苍狗间的无奈与虚无之情。[15] 史载任熊：

> 人短小精悍，眉目间有英气。能驰马，能弯弓霹雳射，能为贯跤诸戏，能刻画金石，能斵（斫）桐为琴，铸铁成箫笛，皆分刌合度，能自制琴曲，春秋佳日以之娱悦，能饮酒，不多亦不醉，颇嗜茶……善画，冠大江南北，亦能吟诗填词，诸子百家，咸皆涉猎。[16]

任熊虽然大部分时段以职业画家身份鬻画自给，但以此段记述可见，画家本人确乎是以百科全书式的能文善武之畸人形

15　任熊《自画像》题记释文为："莽乾坤，眼前何物？翻笑侧身长系，觉甚事，纷纷攀倚？此则谈何容易。试说豪华，金、张、许、史，到如今能几？还可惜，镜换青娥，尘换白头，一样奔驰无计。更误人，可怜青史，一字何曾轻记！公子凭虚，先生有肴，总难为知己。且放歌起舞，当途慢慢颓气。算少年，原非止想，聊写古来陈例。谁是愚蒙，谁为贤哲，我也全无意。但恍然一瞬，茫茫渺渺无涯矣。"
16　丁羲元：《任熊自画像作年考》，《文物》2002 年第 2 期。

任熊　自画像　纵 177.5 厘米　横 78.8 厘米　约 1857 年　故宫博物院藏

象茕茕孑立。[17] 无独有偶，活跃于道咸年间的粤籍画家苏仁山，其人物画作线条简率尚意，也是一番天真之态。[18] 鬻画之余，苏仁山也往往有类似"六艺之文，杀人杀物"[19] 的狂悖之语。这些具备极强个性的画家，都有一个共性：生不逢时且离经叛道。虽然以卖画为生，但是他们并没有完全自认为职业画家或民间画工，某种意义上也有文人士子的心理认同，只不过士商合流，"异业而道同"。

儒家文化中惯常有义利之辩，《论语·里仁》言"君子喻于义，小人喻于利"。由孔子到王阳明，这套体系一直是一个非常稳固的存在。"义"与"利"是无法相融的两种存在。"义"与"利"，相当于天下为"公"抑或天下为"私"。虽然这套体系只是针对"士"以上的人立论，因为他们是对公共秩序直接负责的人，但是这也直接影响了士大夫对于中国传统绘画的品评原则与标准。前述吴伟独创性的画风被士大夫斥责为"画家魔"，便是因为吴伟侧重于"私"的一面，而忽视了"公"所含的"义"之所在，这对于士大夫的视觉经验来说，完全是一种难以忍受的"自私"挑战。而由晚明开始，"义""利"之间的关系开始松动与互融，直到清代中期活跃于扬州的画家群体，像郑板桥、李鱓、高凤翰等人更是由仕入商坦率直接，包括任熊、苏仁山，画家的个体觉醒与自我认同在晚清已成潜流。直到五四新文化运动，个性解放、个人自主才渐渐成为思想界、文化界共同的社会关怀。

17　关于此作最新阐释，参看张涛：《畸人·侠客·莽乾坤——再探任熊〈自画像〉》，《美术学报》2020 年第 4 期。
18　苏仁山事迹，参看万青力：《并非衰落的百年：19 世纪中国绘画史》，广西师范大学出版社，2008，第 161—164 页。
19　万青力：《并非衰落的百年：19 世纪中国绘画史》，广西师范大学出版社，2008，第 163 页。

啬园澄道人法真像
甲子夏澄道人法真像
寿十峰王儒写

啬园林十五聖像鳌

神農　軒轅　岐伯　馬師皇
少師　少俞　俞跗　容成
雷公　鬼臾蓂
伯高　巫彭
桐君　葛洪
鮑姑
烏繪

鳌波天真
入夢迷空
諸葉奕不
脉此豬古
唇參何里
苎茶過海
門程里洲
金鼎

苏仁山　医林十五圣像　纵 112 厘米　横 59 厘米　1846 年　香港中文大学藏

79

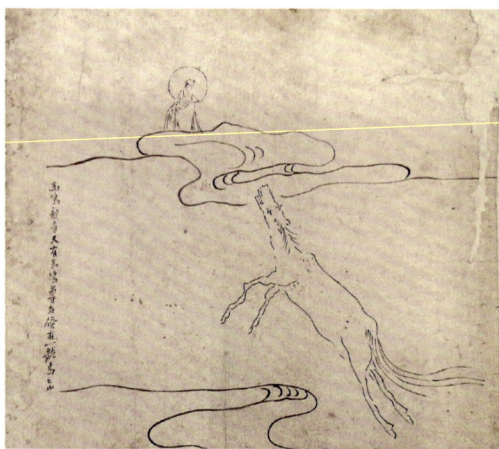

苏仁山　书画图册之一　1847 年　日本京都国立博物馆藏

因此从这个角度审视，自吴伟到任熊、苏仁山，包括齐白石，从其人物画的踟蹰探索可窥，他们确乎走到了时代发展的前列。

一个有意思的现象是，齐白石的花鸟草虫题材，多源自其现实生活中所见之物，老人家自己也表达过不画眼睛没见过的东西之类说辞，不过那都是场面话，信了就输了。他的人物画很多就是想象之作。齐白石尤其钟情于道教神仙铁拐李形象的创制，这种行止怪异且外形落拓不羁的仙人塑造，所隐含的是齐白石"画言志"的"畸人"心态。如其所绘《李铁拐》像，人物蓬头垢面背负葫芦，回眸间眼神露出疑虑谨慎之态，画面自题"葫芦抛却谁识神仙"，意在讽刺世人肤浅势利只会以貌取人。对比元代颜辉所绘《李仙像》，虽然也是衣衫褴褛，但是金刚怒目仙气犹存，齐白石的李铁拐形象，则已完全变成了世俗化的江湖伶仃客形象。齐白石对李铁拐颇为钟爱且一再描摹，更像是齐白石自我境遇的图像映射，以及其畸人心态的无言自

颜辉　李仙像　纵 146.5 厘米　横 72.5 厘米　无年款　故宫博物院藏

陈。吴伟、任熊、苏仁山、齐白石这些独出机杼的人物画家，其共性之一，即以"畸人"形象傲然于世。他们或以离经叛道的狂士面貌出现，或以放荡不羁的畸人形象立世，其言行的核心在于对世俗的挑战，对自我的抒发，对个人灵性创造的重视，只不过这些潜在的人性追求，附着在了种种看似放荡不羁、玩世不恭、不合陈法规矩的言行举止之上，借此抒发自己的雄心与抱负：

> "畸人"源于《庄子·大宗师》，篇中假借孔子之口说道："畸人者，畸于人而侔于天。"成玄英疏："畸者，不耦之名也。修行无有，而疏外形体，乖异人伦，不耦于俗。"……所谓畸人，一般指不重社会规范，不通人情世故，不修边幅，不顾仪姿，言语唐突荒诞，行为乖张怪异，与世扞格不入之人。《释文》所引："司马（彪）云：不耦也，不耦于人，谓阙于礼教也。"及陈鼓应的注："畸人：同奇人，指不和于俗的人"，指的都是同一类人。在庄子看来，这些不拘礼法、离经叛道的人，却是合乎于自然之道的性情中人。[20]

"畸人"一词除去链接现实的世俗意义，其本身也具备极为浓郁的道家色彩，指涉神仙异人一类符号化角色：

> 司空图《二十四诗品·高古》："畸人乘真，手把芙蓉，泛彼浩劫，窅然空踪。"李渔《巧团圆·原梦》："身轻似翔，

20　李彤：《鲁迅〈史记〉评论中"畸人"一词发微》，《肇庆学院学报》2018年第6期。

左：齐白石　李铁拐　纵133.5厘米　横33.5厘米　无年款　北京画院藏
中：齐白石　李铁拐　纵100.5厘米　横44.5厘米　无年款　北京画院藏
右：齐白石　李铁拐稿　纵83.5厘米　横36.5厘米　1920年　北京画院藏

尘飞不飓，畸人惯走屏风上。"鲁迅《中国小说史略》论及《聊斋》时，也用到它："又或易调改弦，别叙畸人异行，出于幻域，顿入人间。"显然，文学作品中所描述的这类人的道行法术，非现实生活中的奇人所能及。[21]

李铁拐为道教仙人，本身形象魁梧傲岸，灵魂出窍之际真身被烧，不得已附身于衣衫褴褛饿殍路旁的乞丐。行乞于世，

21　李彤：《鲁迅〈史记〉评论中"畸人"一词发微》，《肇庆学院学报》2018年第6期。

常为俗人所贱，某日将手中铁杖掷于空中，铁杖化为飞龙，铁拐李遂乘龙而去。其在人间狼狈尴尬的"畸人"形象，与其他主流神仙的形象相比，完全属于一个异类的存在。铁拐李的境遇，也影射着"畸人"往往是那些不同于流俗存有高洁志向之人，也同时将自己置于主流文化的对立面，成为社会上的边缘人与另类存在。早在1904年，王湘绮在为齐白石所作《白石草衣金石刻画序》一文中，这样描述自己的弟子："白石草衣，起于造士，画品琴德，俱入名域。尤精刀笔。非知交不妄应，朋座密谈时，生客至，辄逡巡避去，有高世之志而恂恂如不能言。吾县固多畸人……"[22]1903年齐白石一上北京时，夏午诒本有意为他"书壁单示人"来经营人脉打开市场，齐白石坚决推辞并且告之"君知我者，与君乘兴而往，非刚徒名利，为他人作嫁衣而来也"。夏午诒"果不以姓字与人"，齐白石因此而赞誉他"知心者过于葆荪"。[23]有"某人闻余名，欲索画。筠广述余过于高上，非有旧交情，万金不可易一画，某闻之作罢论"。即便是自己的雇主——夏午诒的朋友求画，"午贻必宛转而求之"。但这并非表明齐白石就属极端地清高自傲，他自认为："余性本迂懒，不知者皆以傲论，实非也。髭髯将雪，雕虫小技有何傲？骄宦庸儒何足傲？"[24]在齐白石三上北京社会身份完全转换为职业画家之前，确有"高世之志"，也颇有类似陆游诗所言"野馆多幽事，畸人无俗情。静分书句读，戏习酒章程"之类不合流俗隐居桃花源的志向，无奈世事动荡沦为职业画家，斤斤计较于一虾一蟹售卖几何。

22　王明明主编《北京画院藏齐白石全集·综合卷》，文化艺术出版社，2010，第172页
23　北京画院编《人生若寄：北京画院藏齐白石手稿日记（上）》，广西美术出版社，2013，第51页。
24　同上书，第63页。

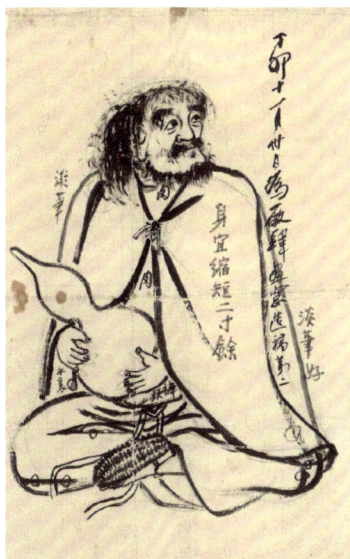

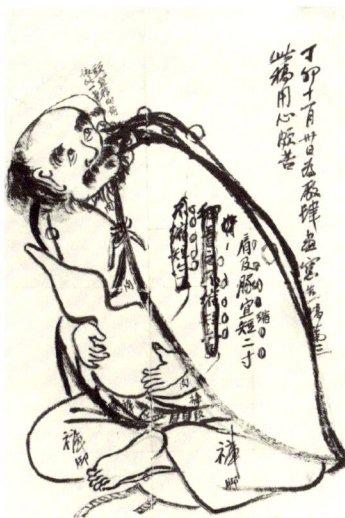

左：齐白石　为厂肆画窗人物稿之二　纵 70 厘米　横 46.5 厘米　1927 年　北京画院藏
右：齐白石　为厂肆画窗人物稿之三　纵 69 厘米　横 44 厘米　1927 年　北京画院藏

　　齐白石的跌宕起伏经历，与世人有眼无珠难识神仙的畸零人李铁拐的境遇何其相似。齐白石曾绘《李铁拐》并题记："尽了力子烧炼，方成一粒丹砂。尘世凡夫眼界，看为饿殍身家。"从这个角度审视齐白石一再描绘的抛却神仙气强调烟火气的铁拐李形象，则完全属于个人心境与生存状态的主观抒发——同是天涯沦落人，相逢何必曾相识。

　　齐白石北漂定居北京后，也一度以畸人自居。在民国的期刊报纸上，他也多是被塑造成行为怪异举止乖张的公共形象，充当八卦小报所津津乐道的百姓谈资。1926 年老人家绘《西城三怪图》，在画面自陈道：

余客京师，门人雪厂（庵）和尚常言：前朝同光间赵㧑叔、德砚香诸君为西城三怪。吾曰：然则吾与汝亦西城今日之怪也，惜无多人。雪厂寻思曰：白厂亦居西城，可成三怪矣。一日白厂来借山馆，余白其事。明日又来，出纸索画是图，雪厂见之亦索再画，余并题二绝句（第六行之字下有两字）：

闭户孤藏老病身，那堪身外更逢君。

扪心何有稀奇笔，恐见西山冷笑人。

幻缘尘梦总云昙，梦里阿长醒雪厂。

不以拈花作模样，果然能与佛同龛。

雪厂和尚笑存。丙寅春二月齐璜。

只要心中有花，何必拈花作态？

齐白石举杯，向李铁拐致敬！

西城三怪图

齐白石　西城三怪图　纵 60.9 厘米　横 45.1 厘米　1926 年　中国美术馆藏

四

摩登老头

记得多年前参加一个学术活动，晚上一边翻阅杂志，一边心不在焉地听着电视上某台专为齐白石所摄制的纪录片，旁白铿锵有力的男中音，用毫无新意的陈词滥调叙述着齐白石的生平，让人昏昏欲睡。突然有一句飘进耳中令自己困意全无——"一百五十一年前，那个绝世男婴，在这里诞生了……"不禁啼笑皆非加毛骨悚然。活在历史长河中作为生命个体的齐白石，是幸运的。生不逢时，死得其所。作为文本阐释的齐白石，是不幸的，青灯黄卷，任人涂抹。齐白石的公共形象，在他的时代，以及之后的时代，往往被夸张、简化和刻意拔高，抑或完全极端地走向反面——尤其付诸影像的作品。由这部旁白"惊悚"的纪录片，我对齐白石亲身参与过的电影产生了兴趣。略做一番梳理，会发现在齐白石身前，曾三次作为电影的主角，出现于公众的视线之内。

齐白石定居北京之后的公共形象，在艺术史中往往以保守谨慎、长袍大褂的传统样貌出现。市井间的报纸杂志常常津津乐道于其性格举止的乖张孤僻，齐白石也不无自嘲地自诩为"西城三怪"之一。更有报纸杂志添油加醋，将他位列"燕山三怪"之一：

> 齐白石，是现代国画家中之怪杰，某名士把他和吴佩孚、赛金花，列入燕山三怪之中，说："晚近世风日下，高逸之士，已不可睹，仅流俗所称三数人耳。"[1]

---

1 《燕山三怪之一·木匠画家齐白石》，《世界晨报》1937 年 4 月 28 日。

齐白石与军阀、名妓并列为"高逸之士",颇具荒诞感。加上老人家底层出身终以职业画家身份得以立足都市,高墙大院之内无非丹青往来润格互动,似乎与时尚新潮并无多大关系。但是细究文献中的蛛丝马迹,会发现齐白石实际也属一位"时尚达人"。甚至会因颇为"前卫"的造型,成为橱窗广告中的"主角",1931年,即有报纸以《裘扇潇洒之齐白石》为题津津乐道:

> 厂甸春节开放,游人如鲫,走亦其中鲫之一也,海王村公园门首有一铸新照像(相)馆,相传即清时革命党谋炸五大臣秘密机关之遗址。但今主人易姓矣。该馆门市普通照人像生意,不甚发达。其维持者,即该馆精于拍摄金石书画,以备收藏家及各报馆之需,故常与各报馆及名书画家有往来。今岁春节开放之日,该馆特将平市名书画家之照像(相)放大。用玻璃镜框悬挂于外,中有名画家齐白石一像,身着狐裘,头带(戴)黑子羔土耳其式冬帽,手中则持一扇摇之。上书先生自撰自书之裘扇铭。文曰:"摇扇可以消炎,著(着)裘可以御凉。二者日日须防,任人窃笑颠狂。"服装奇特,铭文亦怪。逛厂甸者,莫不立于翁之像下,朗诵裘扇铭一遍。是亦铸新照相馆新创之宣传广告也。[2]

照相术虽然早在19世纪中叶即已传入中国,但是很长时间里在民间依然被认为是一种诡异危险的"邪术"抑或"妖术","摄影即摄魂"的流言拥有着强大的生命力。直到1927年,鲁迅在

2 《裘扇潇洒之齐白石》,《北京画报》1931年第4卷第169期。

齐白石裘扇像 《北京画报》1931 年第 5 卷第 215 期

其《坟》一书中，仍然提到了民众对于摄影的莫名恐惧和无端诋毁。齐白石对于照相摄影却并无任何顾忌，反而以"身着狐裘，头带（戴）黑子羔土耳其式冬帽，手中则持一扇摇之"的时尚前卫造型坦然面对镜头，足见其对于新兴事物所持的开放性态度。同时齐白石对于媒介报纸的传播特性也拿捏得极有分寸。既穿裘衣，则应御寒。又摇纸扇，则为祛暑。他将两种季节特性所需对应衣着装饰既矛盾又和谐地集合于一身，同时以扇上自题小诗，将自然凉热升华为世情冷暖。齐白石通过照相术既"清高"又"入世"地为自己做出了一次完美的视觉营销。如此奇特造型，必会引来相当程度的公众关注，反过来也会提高自己的社会知名度。虽然在齐白石的日记或诗词中看似将自己塑造成大隐隐于市的脱俗之态，但是观之于行事，恐怕就会有尽信书不如无书之虞。齐白石的前卫造型，随后即引来他所期望的舆论反响：

> 齐白石先生年七十矣。金石篆刻画书诗，可称五绝。自造小像，冠玄冠，架嫒碟，摇尺方之扇，批猞猁之皮，扇上自题妙句："摇扇可以消炎，著（着）裘可以御凉。二者日日须防，任人窃笑颠狂。"又闻常撰联语，自评绘事："吾画遍行天下，蒙人伪造尤多。"其诗其联，皆非常人所易道。敬为题图，聊志钦慕云尔：
>
>> 这位先生造像，裘扇大模大样。有人说他马褂稍长便是齐子陵，我说他扇子倘用鹅毛真成齐葛亮。然如必欲齐白石，则姜道人转不敢教小红低唱，恐暗香疏影梅花。一旦被斧削于丹青大匠，其实不管伪满伪蒙，皆一般的浪底浪荡。[3]

这种图像解读模式，无形中又为齐白石公共形象的塑造，添加上了隐形的光辉。齐白石还曾在自己生日当天，追赶当时的流行风尚，玩起了"模仿秀"："前十一月某日乃余生期，诸生为余合照小影纪盛……余著（着）僧衣再照小影，以了佛缘，他日亦作剪纸可矣。"[4]

同属于民国北平"太太的客厅"之一的凌叔华家中，也曾出现过齐白石的身影。据凌叔华的回忆，齐白石与社会名流以及时尚名媛交往随和且言谈自如，绝非孤傲"飘逸"的"高士"忸怩之态：

3　丹翁：《题齐白石先生裘扇图（并序）》，《世界画报》1932年第838期。
4　北京画院编《人生若寄：北京画院藏齐白石手稿诗稿（下）》，广西美术出版社，2013，第409—410页。

　　是一个冬天的假日，金橙色太阳殷勤地晒着（在）画室的纸窗榈上，一片淡墨枯枝影子投在北平特有的银粉墙纸上，似乎是一幅李成的寒林图画在一张唐笺上一般幽雅。北窗玻璃擦得清澈如水，窗下一张大楠木书桌也擦得光洁如镜，墙角花架上摆了几盆初开的水仙，一盆朱砂梅、一盆玉兰，室中间炉火暖烘烘的（地）烘出花香，烘着茶香，也烘托出两个年青（轻）主人等候艺术家的温厚心情。

　　这一天来的画家有陈师曾、陈半丁、姚茫父、王梦白、萧屋泉、齐白石、金拱北、周养庵，另外有一个美国女画家穆玛丽，她是卫色拉大师的弟子，油画、粉画、炭画都作，工（功）夫很深，鉴赏东方艺术也很有点眼光，对东方画家很谦虚，她是我相识的画友。当我同南苹夫人忙着收拾画具的时候，齐白石忽然匆匆走了进来，操着湖南口音笑问："是今天请我吗？我怕又弄错了日子。上次到她家去，以为是请我吃饭，谁知一个人都没有在家。问当差的，他也不清。"他老人家稀疏的胡须已经花白，一双小眼闪闪的（地）发亮对着我们。看到房里的玉兰，他老人家便滔滔不绝地讲他湖南的花木，他是像所有湖南人一样的特别爱他的故乡。那一天不知为什么玉兰花撩动他的诗意，他谈要写一首玉兰诗送我。（这话他是未忘，过不多时，他写了一首玉兰诗送来，并另画一小幅画。）[5]

　　1931 年，齐白石挚友樊樊山病逝。金息侯为其题写挽联盖

---

5 《回忆一个画会和几个老画家》，载凌叔华：《凌叔华经典作品》，当代世界出版社，2004，第49页。

棺定论道："有诗得三万余篇比陆放翁更富，遗世于八十六岁与贺季真同仙。"[6] 当时的《上海画报》几乎用了一个整版来纪念樊樊山，如廉南湖所作悼诗《哭樊山先生》、俞俞所记《樊山老人之年》，包括樊樊山为《申报》记者康通一所作绝笔诗词。而作为"主角"的樊樊山出现在此版之上的笔墨，却是一篇名为《丹青诀电影歌为齐白石、林实馨两画师赋》的诗作：

> 有宋影戏始阜陵，雕绘人物蒙以绘。
>
> 偃师提挈歌且舞，日月不照光在灯。（见吕惠卿对荆公语）
>
> 讫（迄）今七百有余载，滦南渭北制作精。
>
> 圆颅方趾不可见，刚如剪贴纸一层。
>
> 海邦晚出擅淫巧，以电摄影罗万形。
>
> 登场怳疑游镜殿，事事物物俱有情。
>
> 独惜欧美师郑卫，探腰杨柳唇接樱。
>
> 东瀛有意整风俗，雅正力与奇衺争。
>
> 中华字画有嗜癖，岁币百万收吴绫。
>
> 酒渴诗狂齐白石，机声灯影林实馨。
>
> 以二画师为导演，扬州八怪呈其能。
>
> 画中有画影中影，风雅好事推伊藤。
>
> 携林就齐商绘事，蛾眉并是高材生。
>
> 齐也白髯气郁勃，林也鬒发云鬖鬙。
>
> 短布衣裁周伯况，敝袍纸补庾兰成。
>
> 时维九月暖寒半，东篱菊秀风日晴。

---

6 《上海画报》1931 年第 692 期。

两贤解衣势磅礴，溪藤端玉陈中庭。

曹衣吴带风水别，粗文细沉神鬼惊。

雍邱苏米接长案，一日宣笺百幅盈。

画成美人恣题品，汝南月旦皆真评。

自入门至评画止，神工意匠烦经营。

一幅一画照药镜，一灯一影呈纱屏。

一人一态无亵嫚，士则狂狷女则贞。

影出蝉嫣过千尺，伊藤卷纸归东京。

东人雅爱樊山笔，影中惜少画妃亭。[7]

樊樊山在诗作起首以据传繁盛于宋代的中国传统影戏，比附于电影这种新兴的视觉媒介，意在强调此种技术并非西方所独创。同时影戏一说也更能引起国人共鸣。齐白石即曾邀请皮影戏班在他家中的画室内播放过皮影戏。[8] 讲到西人电影，樊樊山则还是以"奇巧淫技"的"天朝"之眼视之。抛开个人的感性情绪不论，这首诗所透露出的一个重要信息是，在1930年有一位日本人伊藤为雄，在北平专为齐白石和林实馨两位画家拍摄了电影。齐白石的荧幕初体验，在他个人的日记著述中却了无痕迹。虽然齐白石在回忆中记到1922年陈师曾携其画作东渡日本办展，提及"日本人又想把我们两个人的作品和生活状况，拍摄电影，在东京艺术学院放映"[9]，但实际并无下文。

对于1930年的首次拍电影经历，我所见最为翔实的记述，

---

7 《上海画报》1931年第692期。

8 马璧：《齐白石父子轶事·书画》，（台湾）新文丰出版公司，1979，第23—24页。

9 齐白石口述、张次溪笔录《白石老人自传》，广西美术出版社，2014，第131页。

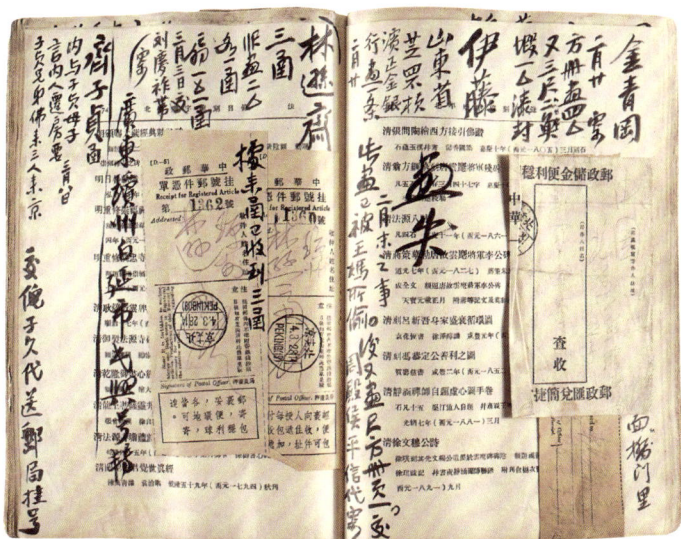

齐白石　邮寄收据　北京画院藏

来自《齐白石"演电影"》一文：

　　樊樊山的诗，更重要的是记下了《丹青诀》这部已不知
所踪（终）的电影的基本情况：1930年9月某日，日本人伊
藤为雄与画家林实馨来到齐白石家中。齐与林二人在院中摆
下画案作画，并请来女学生围观。二人作画百幅，众人逐一
品题，然后由伊藤卷起，携往东京。这个电影，除了摄下齐
白石对案挥毫的画面，更透露出他画名鼎盛时期向海外售画
情景之一斑。[10]

10　艾俊川：《齐白石"演电影"》，《掌故》第三集，中华书局，2018，第43—59页。

这是齐白石三拍电影的第一次。此文有一处值得商榷——伊藤为雄为齐白石拍电影的时间，并非 1930 年的 9 月间。樊诗原句为"时维九月暖寒半"，是指乍暖还寒天气。一般北京的 9 月还是"秋老虎"阶段。樊诗此处所用"九月"应为农历，转换为 1930 年的公历时间应该是 11 月左右。加之我所引 1931 年的《上海画报》所载这首长诗之前，有编者按语道：

> 客冬正金银行日人伊藤氏，在平摄制丹青诀影片，导演者齐白石及林实馨两画家，轰动中日，樊山闻之，乃作此长歌记其事，病前之长歌，以此为最，记者志。[11]

"客冬"，为去年冬天之意。据此，可以断定齐白石人生中第一次的电影体验，具体时段应为 1930 年的 11 月。"导演者"一说为误称，按樊山诗中所述，此片导演应为日人伊藤为雄，"演员"为齐白石和林实馨。

伊藤为雄当时的身份，是横滨正金银行北京支行的职员。常常从齐白石处购买字画，包括从事其字画的中介活动。[12] 北京画院藏齐白石邮寄清单中即有一通，上有齐白石所书"伊藤 山东芝罘横滨正金银行画一条 二月廿"字迹。齐白石也曾将钱财存放于伊藤为雄所供职的银行之内，可见对此人的信任及交往程度非同一般。

与齐白石共同参演的林实馨，画史记述寥寥：

---

11 《上海画报》1931 年第 692 期。
12 艾俊川：《齐白石"演电影"》，《掌故》第三集，中华书局，2018，第 43—59 页。

另一位画师林实馨，名华，以字行，福建闽县人。林实馨能作诗文书画，曾入林纾城南古文讲习会听讲，列名《林氏弟子表》。后来他遂以林纾之侄的名义，结交京城文人，以鬻卖诗文书画谋生。他曾组织中华画会，自任会长，并于民国十八年（1929）将画会扩充为林实馨诗文书画研究馆，在东城大佛寺开馆，招收门徒。[13]

林实馨并不以画显名，只是长袖善舞善于宣传。按相关史料得见，其人品行着实堪忧，尤其自我吹嘘高调标榜为林琴南子侄之名，混迹北平文艺江湖，谎言说多了可能自己也信了，林实馨甚至于将此虚假身份写入其父亲的墓志铭中，生生给亲爹爹添了一位假哥哥。即便如此，当时艺界买账之人居然不在少数。[14] 以画界声名与技艺高低论，林实馨和齐白石完全不在一个层级。齐白石能同意和他共同"参演"，林琴南的金字招牌还是起到很大作用。虽然林琴南此时已离世六年，但是作为齐白石1919年三上北京立足画界的"贵人"之一[15]，这个面子，总还是要给他这个"山寨"侄子的。

按樊樊山诗中所述，拍摄过程似乎持续时间不短，面对镜头，齐林二人联手作画，"一日宣笺百幅盈"，创作数量颇丰。拍摄完毕，"伊藤卷纸归东京"。这位业余导演将当天摄制过程中所作画卷带往东京销售。不知道这算不算变相地付给齐白石的"演出"费用，或者继续作为中介收取提成。无论怎样，伊藤为齐

13　艾俊川：《齐白石"演电影"》，《掌故》第三集，中华书局，2018，第50页。
14　同上书，第49—53页。
15　张涛：《故乡无此好天恩——齐白石三上北京的职业化之路》，《美术研究》2012年第4期。

白石拍这部电影，很明显是出于商业动机，至于电影在东京是否放映，放映后实际效果如何，由于相关一手文献付之阙如，尚需进一步探究。略略延展，日人于近代对于齐白石或相关中国画家的关注，大体分三种类型：一种为大村西崖一类的纯粹学者，真诚欣赏中国文化，认为"中国才是日本文化的故国""日本美术实乃吾之旁系不足挂齿"[16]；第二种为伊藤为雄这样的半商半中介性质，他为齐白石拍摄电影，其后的动机与其说是出于对齐白石艺术的激赏，毋宁说以此为噱头的市场经营策略；第三种则是一些在华任职的日本官员，他们对于中国艺术家的关注或者友好互动，并非仅仅是我们所想当然的热爱中华文化的角色认同所致，其背后是有着日本明治维新逐渐强大之后，试图进行文化扩张的国家战略思维所驱使。[17]

齐白石第二次拍摄电影，则为 1946 年南下举办展览期间。1945 年抗战结束，百废待兴。足不出户八年之久的齐白石迫于生计，在所谓"故都文物研究会"实际负责人张半陶的策划与陪同下，于 1946 年 10 月飞抵南京，与溥心畲联袂举办展览，其间"被迫"收国民党政府高官张道藩为弟子。又于 11 月转战上海，举办画展。[18] 抵达沪上，齐白石一下火车，就受到了电影明星般的待遇，两位年轻貌美的女画家吴青霞与周炼霞，手捧鲜花簇拥而上：

16　大村西崖：《中国历游谈》，《东京美术学校校友会月报》第二十卷第七号二，1992，第 131 页。转引自王明明主编《齐白石国际研讨会论文集》（下），文化艺术出版社，2010，第 462 页。

17　陆伟荣：《齐白石与近代中日联合绘画展览会——被介绍到日本的齐白石》，载王明明主编《齐白石国际研讨会论文集》（下），文化艺术出版社，2010，第 461—462 页。

18　张涛：《世乱身衰重远行——齐白石 1946 南下展览考》，载北京画院编《齐白石研究》第四辑，广西美术出版社，2016。

和平日報

齊白石溥心畬
昨日聯袂抵滬
吳青霞周練霞獻花

齊白石 左
周練霞 右 吳青霞

《齐白石溥心畬昨日联袂抵沪 吴青霞周炼霞献花》,《和平日报》 1946 年 11 月 7 日

北平故都文物研究会,在京主办名画家齐白石、溥心畬及齐氏弟子曹克家三代之画展,已于日前圆满闭幕。齐白石、溥心畬两氏,于昨日下午三十三分由故都文物研究会副理事长张半陶氏同乘车抵沪。前往北站欢迎者,有本市美术界徐蔚南、哈丁、李咏森、周如英、刘旭沧等,暨本市艺术师范学校学生代表八十余人。齐氏下车后,即由本市美术学会代表吴青霞、周炼霞两小姐及艺师学生沈翠莹代表献花。

齐氏满面笑容,状至愉快,对欢迎人员连连致谢。旋由兴中学会杨啸天招待下榻福熙路八四一号该会。据齐氏语记者,在沪将作数日勾留,闻齐、溥两氏携带作品数百件,不

左：齐白石、溥心畬 1946 年上海展览启事
右上：齐白石 中国长沙湘潭人也 纵 5.7 厘米 横 5.7 厘米 高 1.1 厘米 无年款 北京画院藏
右下：齐白石 叹浮名堪一笑 纵 3.5 厘米 横 3.5 厘米 高 7.3 厘米 无年款 北京画院藏

日将在本市举行展览云。[19]

　　齐白石南京得收高官弟子，又蒙蒋介石召见，似乎一夕之间进入了"上流"社会。上海展览名为"齐白石 溥心畬先生画展"，于 11 月 10 日在当时的福熙路"兴中学会"举办。一般沪上画展，需要邀请到有头脸有地位的"发起人"，这样展览看起来才有"腔调"。齐白石此次展览的"发起人"阵容，堪称上海滩的豪华组合。

---

19 《齐白石溥心畬昨日联袂抵沪 吴青霞周炼霞献花》，《和平日报》1946 年 11 月 7 日。

有张真夫、黄金荣、范绍增、梅兰芳、杨安国、宣铁吾、钱新之、田淑君、孔祥熙、杨啸天、吴国桢、杜月笙、程砚秋、张道藩、曾建人、方希孔、潘公展、顾嘉棠、谢仁钊、汪亚尘等，政经界、军界、艺界，甚至于黑社会界要人齐聚一堂其乐融融。当然，这绝非是由齐白石德艺双馨的强大感召力所致，那位高官弟子谋划和总裁召见的社会舆论，才是这些名流要人凝聚于一场小小展览的动力所在。齐白石在沪上展览声势浩大，遂引来人生中第二次荧幕高光时刻：

> 国泰电影公司新厂落成，厂址在亚尔培路底，徐家汇附近，厂内一切设备半系新置，目前刚落成，又值检举事件，一切工作均在停顿；其中最成问题者，便是电流问题，盖此新厂，无旧记录可稽，值此节电声中，供电毫无标准，故主持人曾设法营谋，然一时尚无具体解决。
>
> "国泰"目前未尝正式摄片，唯致力于新闻片，如今"金都"正片前映的新闻片，如齐白石画展，系该公司出品。[20]

"金都"指当时上海福熙路的金都电影院。齐白石展览引得上海滩各界要人闻风出动，甫一成立即处境困顿的"国泰电影公司"，主动拍摄齐白石画展情形，也是在意于吴国桢、宣铁吾、潘公展这些沪上与电影业息息相关的要害部门大员对于此展的关注。至于齐白石在这部新闻片中被塑造成怎样的形象，是否对他的书画作品多有宣传，我们无从得知。当然，对于当时在

---

20 《沪"国泰"拍制新闻片，有齐白石画展情形》，《一四七画报》1946 年第 8 卷第 6 期。

《画家齐白石》纪录片　1955 年

现场的电影摄制者来说，似乎也无足轻重。

　　齐白石生前第三次，也就是最后一次作为主角参与的电影，是由陈健导演，中央新闻纪录电影制片厂于 1955 年 10 月所出品的彩色纪录片《画家齐白石》，片长二十七分钟。虽然齐白石早在二十五年前就已有"触电"经历，但是只有 1955 年的这部纪录片，才是齐白石生前真正的"本色"出演。

　　1949 年之后，"新中国的纪录电影由此进入迅速发展的时期。这一时期的纪录电影主要是宣传党的方针政策，并全面报道我国社会政治、经济、军事、外交等各个领域的情况，多是

《画家齐白石》片头题字　1955 年

讴歌式的新闻纪录片，充满了浓烈的意识形态气息"。[21] 与中央新闻纪录电影制片厂同年拍摄的纪录片如《苏联展览会在北京》《来自阿尔巴尼亚的客人》《永远怀念苏军》《中国文化代表团在印度尼西亚》等相比，《画家齐白石》一片的镜头语言，却有着散文诗一般的抒情气质，相对淡化了意识形态和阶级斗争的革命意志。电影开篇别具匠心，运用电影语言独特的蒙太奇手法，以册页打开的形式展现了片头及相关制作人员名单，接着使用犹如山水画般静谧的北京清晨远眺实景镜头导入正片。随后，画面浮现了北京上空飞翔的白鸽群和盛开的红牡丹——都是齐白石新中国时期所绘制过的重要题材，对于熟悉齐白石绘画的观者来说，镜头此处的寓意不言而喻。这个时候，作为全片主角的齐白石，正式登场了。镜头中的齐白石，悠然自得地挥动

21　杨秋:《中国纪录片七十年叙事风格流变》,《电影评介》2019 年第 20 期。

着毛笔，那些重复描画过千百遍的鱼虫墨虾依然生机勃勃、灵动异常。画毕，在两位极具时代气息的高原红年轻女学生的陪同下，坐在竹椅上静静地欣赏着自己的画作，此时镜头渐渐拉近，齐白石的表情充满了安祥和愉悦。

纵观全片，叙事镜头舒缓而优雅，旁白娓娓道来且非常专业，片中所出现的均为精心挑选过的齐白石花鸟草虫之中的精品，所拍摄的实景，也都与齐白石的画作题材有着互文意义上的图像关联，可见制片者对于齐白石有着非常深入而全面的了解。

这部纪录片截然不同于同时期其他纪录片的气质，离不开一位重要的幕后工作者，该片的编剧——蔡若虹。新中国初期有关齐白石的文本叙事，叶浅予的评价最具代表性：

> 工人、农民、知识分子都喜欢齐白石的画……这东西就是贯穿在作品里的中国劳动人民的立场观点和思想感情。齐白石的作品洋溢着朴素和平的情操、乐观坚韧的气概，并且鲜明地揭示劳动人民的爱和憎……从上面的分析，清楚地看到齐白石思想中认为美好的事物，是和他的劳动人民的立场观点一致的……齐白石所处的时代，正是中国处在半封建半殖民地的开始和结束的历史进程中，推动这个时代前进并获得胜利的是中国的劳动人民。齐白石生长在这个时代里，他的作品体现了中国劳动人民的思想感情，代表了中国劳动人民的坚强不屈的性格，因此，对他的估价，不能不超出中国绘画史的传统概念，应把他列入另一个历史时期的先趋（驱）

者的范例中去。[22]

　　但是在《画家齐白石》这部片子中，却更加突出了齐白石的个人性情与画作意趣所在，此片在视觉叙事上与当时的主流文本相对比较疏离。包括片中所呈现的齐白石的家乡，也是一副悠然安逸的桃源气质。作为此片编剧的蔡若虹，早年毕业于上海美专西画系，1933 年至 1938 年在上海从事过五年的漫画创作，1939 年至 1945 年在延安鲁艺美术系任教，1946 年任北平《解放三日刊》美术编辑。后来历任文化部艺术局副局长、中国美术家协会副主席、美协党组书记、中国画研究院副院长等职。1953 年，齐白石担任中国美术家协会第一任主席，四位副主席之中即有蔡若虹。蔡若虹对于齐白石的生平性情与艺术创作极为熟悉，20 世纪 50 年代发表过《勤劳的一生——齐白石先生生平介绍》[23]，完全可以看作是这部电影的编剧大纲。同时，他"有诗人气质，也不乏理论素养，他给画家写的有些评论，有着美文般可读的亲和力"。[24]对于电影拍摄，蔡若虹也不会陌生，1935 年，他曾有八个月时间在上海电影业公司担任美工。[25]也正因此，才会呈现出《画家齐白石》这样一部极为专业而又不乏抒情气质与人文关怀的纪录片。

　　作为齐白石生前三拍电影所仅存的我们目所能及的影片，这部片子不仅具备记录历史的意义，也暗暗添加了幕后制作者

22　叶浅予：《从题材和题跋看齐白石艺术中的人民性》，《美术》1958 年第 5 期。
23　蔡若虹：《勤劳的一生——齐白石先生生平介绍》，载蔡若虹：《蔡若虹文集》，人民美术出版社，1993，第 144—147 页。
24　刘新：《被遮蔽的蔡若虹的另一半》，《美术之友》2004 年第 1 期。
25　蔡若虹：《蔡若虹文集》，人民美术出版社，1993，第 680 页。

对于齐白石艺术理解的"私心"与"私料"。电影中出现齐白石所绘樱桃的画面，蔡若虹对齐白石类似题材曾做过如此解读：

> 齐白石画的樱桃是以鲜艳的红色和圆溜溜的颗粒惹人喜爱的。有人说，看见齐白石画的樱桃简直令人馋涎欲滴。其实作者的本意哪里是挑逗人们的食欲，只要看看他在画幅上的题诗就会明白了。
>
> 诗句之一："只教点上佳人口，言事言情总断魂。"
>
> 诗句之二："佳人常在口头香。"
>
> 这两行诗句都是有历史渊源的。因为在中国古代，总是把樱桃比作女性的嘴唇；所谓"樱桃小口"，所谓"樱桃破了"（形容歌女唱歌时张口的嘴唇），都是从这一典故出发的。从樱桃想起美女的嘴唇，从嘴唇想到从这样的嘴唇中唱出来的歌、说出来的话……就在人们的头脑中形成一套形象思维的逻辑。就如同从画图中的月亮而想到故乡，又从故乡想到亲人、想到山水树木一样。所谓意境，就是由形象引起的形象思维。尽管画面上的形象比较单纯，而意境却很不单纯；画面上的有限笔墨，能够在意境中不断地演绎、不断地延伸；按照生活的逻辑演绎，按照思维的轨道延伸；意境不可能完全在图画中露面，它只能一半在画面上，一半在画幅以外；一半在画家心灵之中，另一半在观众心灵之中；没有两种心灵的会合，就谈不上意境，就谈不上艺术欣赏，就谈不上"潜移默化"的艺术功能。心灵是意境的源泉！[26]

26　蔡若虹：《蔡若虹文集》，人民美术出版社，1995，第 551—552 页。

这种平实且平淡的散文诗化的解读，才与齐白石的画作气质最为贴合，也使得这部纪录片拥有了与它同时期的纪录片所截然不同的叙事风格。

唯一的遗憾是，齐白石在这部电影中并没有发声，一切依然是旁白的代言。正如同现在围绕着他所呈现的浩如烟海的文字阐释——齐白石始终是失语的状态。以此看来，《画家齐白石》的最后一个镜头，就别有一番值得咀嚼的意味——被一大堆新时代的新青年所紧紧簇拥着的手捧鲜花的齐白石，却是手足无措、茫然不安的表情。

五

夸我很难吗

　　1928 年 11 月，徐悲鸿执掌国立北平大学艺术学院院长一职 [1]，徐悲鸿与齐白石初次相逢。11 月下旬，徐悲鸿拜访齐白石，12 月 3 日，国立北平大学校长李石曾正式聘请齐白石为国立北平大学艺术学院中国画系教授，受聘时间为当年正式开课日至 1929 年 7 月 31 日。既然徐悲鸿为校长，却为什么由李石曾发聘书？原来是因为在 1927 年 6 月 6 日国民党中央会议第 102 次会议上，通过了蔡元培代表教育行政委员会的提案，决定教育行政制度采用大学院制，并试行大学区制。这一学制仿效法国教育制度，每个大学区以一所大学作为教育体系领导全局。北平为北平大学区，以北平大学之名统领北平地区的国立九校。因而此时虽由徐悲鸿执掌国立北平大学艺术学院，但齐白石的聘书却以国立北平大学校长的名义颁发。[2]

　　按照正常流程，齐白石因在前一年已受聘于徐悲鸿前任林风眠，此番接受教职其实也可以看作是续聘。此间徐悲鸿、齐白石二人关系密切，可谓一见如故。生性桀骜的齐白石历来接纳旧雨新知均需声气相投，为什么对徐悲鸿如此认可？徐悲鸿的艺术品位与齐白石的绘画风格有契合点很重要。齐白石曾绘《寻旧图》，画面题诗透露出了一些信息："一朝不见令人思，重聚陶然未有期。海上风清明月满，杖藜扶梦访徐熙。"以"杖藜扶梦访徐熙"句似可窥及，徐悲鸿一开始与齐白石彼此的认同，源自类似"徐熙野逸"及相关画题的创作共鸣。齐白石将徐悲鸿喻为"徐熙"，一方面当然是人情场面话，另一方面也确实知

1　王震编著：《徐悲鸿年谱长编》，上海画报出版社，2006，第 70 页。
2　许小青：《北伐前后北京的国立大学合并风潮（1925—1929）》，《中山大学学报》（社会科学版）2010 年第 1 期。

齐白石　寻旧图　纵 151.5 厘米　横 42 厘米　无年款 北京画院藏

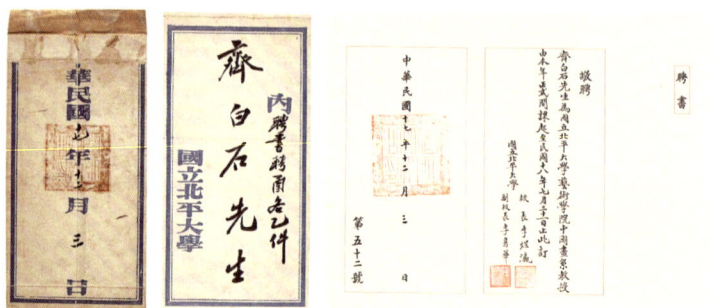

左：国立北平大学聘书信封　1928 年 12 月　北京画院藏
中：齐白石国立北平大学聘书　1928 年 12 月　北京画院藏
右：齐白石国立北平大学聘书内页　1928 年 12 月　北京画院藏

晓徐悲鸿于传统中国画领域的喜好。《圣朝名画评》曾经记道：
"士大夫议为花果者，往往宗尚黄筌、赵昌之笔，盖其写生设
色迥出人意。以熙观之，彼有惭德，筌神而不妙，昌妙而不神，
神妙俱完，舍熙无矣。夫精于画者不过薄其彩绘以取神似，于
气骨能全之乎？熙独不然，必先以墨定其枝叶蕊萼等，而后傅
之以色，故其气格前就，态度弥茂，与造化之功不甚远，宜乎
为天下冠也。"[3] 大意为论花鸟画，黄筌与赵昌虽然同属大家，但
是花鸟不是太写实就是没精神，又写实又精神，分寸拿捏得当
的，那必定只能是徐熙。当然，刘道醇一家之言不用太过较真，
但是徐悲鸿信："中国画师，吾最尊者，为周文矩、吴道玄、徐
熙、赵昌、赵孟頫、钱舜举、周东邨（以其作《北溟图》，鄙意
认为大奇，他作未能称是）、仇十洲、陈老莲、恽南田、任伯年
诸人。"[4] 徐悲鸿列举出的这些位，其实风格差异很大，其品评标

3　杜哲森：《中国传统绘画史纲——画脉文心两征录》，人民美术出版社，2015，第 146 页。
4　《悲鸿自述》，引自王震编著：《徐悲鸿年谱长编》，上海画报出版社，2006，第 51 页。

齐白石　工虫老少年　纵 95.5 厘米　横 32.5 厘米　无年款　北京画院藏

准是什么因此很难揣测，大概这些大家如果有什么能够统一的特点的话，也许是徐悲鸿都曾见过真迹，或者他以为的真迹。

齐白石颇富生机、直面民间的画作，是让徐悲鸿最为惊喜的发现。齐白石兼工带写的绘画风格，也符合徐悲鸿所提倡的"写实主义"绘画路径：

> 因为在徐悲鸿的所谓"写实主义"中，"写实"方法的成分多，"现实"描绘的成分少，准确造型的成分多，文化批判的精神少，揭示现实的力度弱，可以说不是严格意义上的"现实主义"，或者说还不具备西方绘画史上"现实主义"绘画的全部基本要素。他的所谓"写实主义"主要侧重于写实的方法，而写实的方法不等于上述的"写实主义"（"现实主义"）。准确地说，他是在用写实的方法表现古典的题材和浪漫的情怀，至多属于一种古典的现实主义。[5]

齐白石既形神兼备又笔墨精微的花鸟草虫，在某种程度上暗合徐悲鸿的"写实主义"。正如徐悲鸿试图为重塑中国画的现代价值而提出的"新七法"，其中所论"第七"：

> 传神阿堵。Expression 画法至传神而止，再上则非法之范围。所谓传神者，言喜怒哀乐惧爱厌勇怯等等情之宣达也。作者苟其艺与意同尽，亦可谓克臻上乘。传神之道，首主精确，故观察苟不入微，罔克体人情意，是以知空泛之论，浮华之

5　华天雪：《徐悲鸿的"写实主义"》，《美术观察》2009 年第 6 期。

左：齐白石　水纹蜻蜓　纵 96 厘米　横 34 厘米　1938 年　北京画院藏
右：齐白石　鱼虾　纵 134.5 厘米　横 33 厘米　无年款　北京画院藏

调为毫无价值也。[6]

　　齐白石在变法之初，曾经感叹："同乡人黄镜人招饮，获观黄慎真迹《桃园图》，又花卉册子八开。此人真迹余初见也。此老笔墨放纵，近于荒唐。"[7] 他认为与黄慎作品比起来，"较之余画太工整板刻耳"。[8] 虽然当时是第一次得见黄慎的画作，但是其画风对齐白石触动非常大，"始知余画犹过于形似，无超凡之趣"。[9] 齐白石因观黄慎笔墨，反思到自己的画作，虽工整有余但神气不足，原因是过于逼肖。"余尝见之工作，目前观之大似。置之壁间，相离数武观之，即不似矣。故东坡论画，不以形似也。即前朝之画家不下数百人之多，瘿瓢、青藤、大涤子外，皆形似也。惜余天资不若三公，不能师之……决定从今大变。人欲骂之，余勿听也；人欲誉之，余勿喜也。"[10] 从如此决绝口气可知，齐白石变法决心甚大，"余作画数十年，未称己意，从此决定大变，不欲人知。即饿死京华，公等勿怜，乃余或可自问快心时也"。[11] 他的绘画实践，也更加侧重对画面形式的探索，以及似与非似间的写生领悟。"画中静气最难在骨法，骨法显露则不静，笔意躁动则不静。全要脱尽纵横习气，无半点喧热态，自有一种融和（合）闲逸之趣浮动丘壑间，非可以躁心从事也。"[12] 意识到形神之间的分寸掌握与个人独创性的重要，可以说是齐白石绘画

6　艾中信：《艾中信艺术全集》，中国大百科全书出版社，2007，第61页。
7　北京画院编《人生若寄：北京画院藏齐白石手稿日记（上）》，广西美术出版社，2013，第196页。
8　同上书，第196页。
9　同上书，第198页。
10　同上书，第198页。
11　同上书，第198页。
12　同上书，第207页。

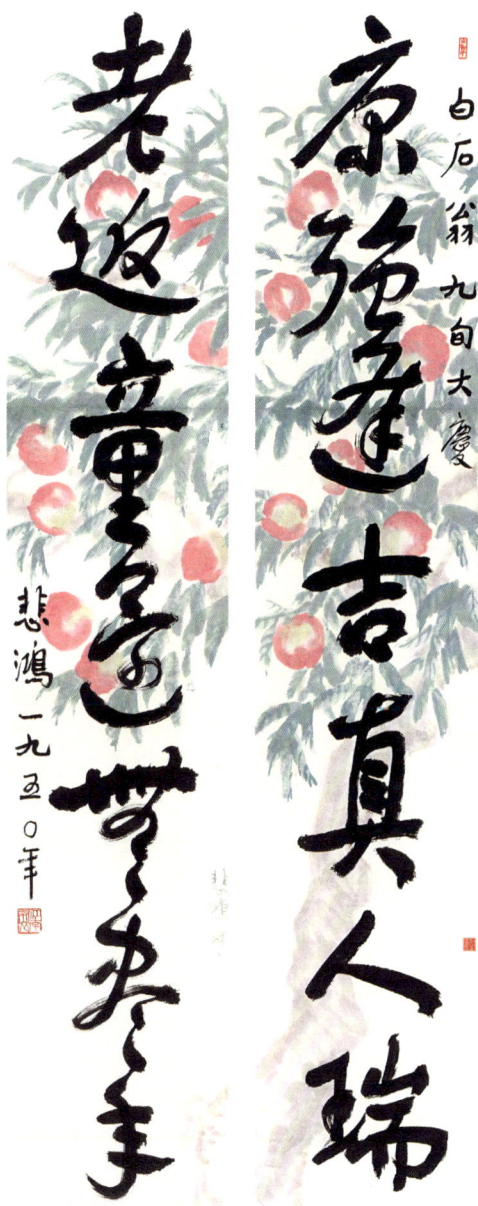

徐悲鸿　白石翁九旬寿联　纵 227.5 厘米　横 43.5 厘米　1950 年　北京画院藏

《齐白石画册》 中华书局 **1932** 年 北京画院藏

生涯的分水岭。这种认知，无意间其实也与徐悲鸿所欣赏的"神
妙俱完，舍熙无矣"精神相契合。

　　徐悲鸿的中国画改良是以参考借鉴源自西方的写实性油画
为指向，齐白石的变法则是借古以创新，两者虽然路径不同，
一向外看，一向回看，但却都强调面向"自然"与"现实"，殊
途同归。二者间之不同处，在于徐悲鸿能站在更加宏阔的文化
史角度窥人窥事，有着力图改变中国传统绘画的宏大抱负与强
韧意志，而齐白石则更在意"然百年后盖棺，自有公论在人间"[13]
的青史留名欲念。二人社会角色也有天壤之别，徐悲鸿"吾归
也，于艺欲为求真之运动，倡智之艺术，思以写实主义启其端，
而抨击投机商人牟利主义（指当时操纵国际艺术市场的画商）"[14]，
齐白石定居北京后以职业画家角色安身立命，自言："铁栅三间

13　北京画院编《人生若寄：北京画院藏齐白石手稿日记（下）》，广西美术出版社，2013，第332页。
14　艾中信：《艾中信艺术全集》，中国大百科全书出版社，2007，第3页。

《齐白石画册》内页　北京画院藏

屋,笔如农器忙。砚田牛未歇,落日照东厢"[15]。两人一见如故且能如此投缘,一是都出自社会底层,幼年学艺生涯坎坷,均有民间画师经历,在阶层身份上存有天然的亲近感;二是徐悲鸿有着"独持偏见,一意孤行"的强韧心性,而齐白石也有"人骂我,我也骂人"的湘人霸蛮气质,坎坷生活磨砺出的执拗精神,也使二者声气相投;当然,最重要的因素在于徐悲鸿对齐白石画风的赏识与认可。虽然齐白石早在20世纪20年代初即已在北京画界站稳脚跟,且借市场机缘使得"海国都知老画家"[16],但是对于他创新画风的质疑诘责之声,却始终存在。诸如"(画作)最恶劣者为林纾、齐璜"[17]、"吾侪皆言白石翁之画荒唐"[18]、"但是同时有些人却批评他是艺术叛徒、野狐禅"[19],齐白石好友的一番话,

15　《中华周刊》1945 年第 11 期。

16　张涛:《故乡无此好天恩——齐白石三上北京的职业化之路》,《美术研究》2012 年第 4 期。

17　余子安编著:《余绍宋书画论丛》,北京图书馆出版社,2003,第 240 页。

18　北京画院编:《人生若寄:北京画院藏齐白石手稿日记(下)》,广西美术出版社,2013,332 页。

19　陆丹林:《吴昌硕与齐白石》,《永安月刊》1949 年第 118 期。

大体能体现齐白石在当时北京画界的实际境遇："公居京师，画名虽高，妒者亦众。同侪中间有称之者，十言之三必是贬损之词。"[20] 画不过齐白石，卖不过齐白石，那只能靠所谓维系正统文脉的道德守护者角色，来鞭挞齐白石，羞辱齐白石，这大概即所谓亘古不变的同行相轻劣根性。徐悲鸿此时此地的认可与欣赏，对于齐白石来说，就更显雪中送炭的可贵。

由于学潮风波加上校内关系错综复杂，难以服众的"空降兵"徐悲鸿于 1929 年 1 月黯然辞职南归。这也是之前提到的齐白石所绘《寻旧图》的缘由。

北平一别，两年之后，已转任中央大学艺术科教授的徐悲鸿，率领毕业生奔赴北平参观，于 1931 年 5 月拜访齐白石。[21] 两人二次重逢。

1932 年 7 月，由徐悲鸿所一手促成的《齐白石画册》，在上海中华书局正式出版发行。齐白石一生有过四本画册。其中第一本是 1928 年由胡佩衡编辑出版；第二本即徐悲鸿助力促成的此版；第三本为齐白石由门人王雪涛、张万里代为印刷的《白石画集》，是一本自行印刷版；第四本为《白石老人小册》，也属齐白石自行印刷的小册子。[22]

徐悲鸿帮忙促成的《齐白石画册》，实际出版过程颇费周折。从徐悲鸿 1930 年开始联系中华书局委托出版事宜，直到

20　北京画院编《人生若寄：北京画院藏齐白石手稿日记（下）》，广西美术出版社，2013，第 332 页。
21　王震编著：《徐悲鸿年谱长编》，上海画报出版社，2006，第 98 页。
22　吕晓：《民国时期出版的四本齐白石画册研究》，载北京画院编《齐白石研究》第四辑，广西美术出版社，2016，第 12—33 页。

1932 年 7 月画册才得以正式出版。[23] 有意思的是，首先，这本画册所刊载的内容，并非齐白石为画界所称许的花卉草虫，大部分是他的山水画作。这么选材目的何在？其次，此册只有区区二十六页，而徐悲鸿所写的"序"即占九页之多，颇有鸠占鹊巢的观感。这样的画册，恐怕无论著者是谁，拿到手都不会太过愉快。齐白石拿到这本画册之后，即亟不可待地于当年冬日委托门人王雪涛、张万里印制画册，而且刊载内容又全部换回了花卉草虫。[24] 很明显是对徐悲鸿帮忙出版的这部画册非常不满意。这又是为什么？

齐白石虽然自称"海国都知老画家"，实际在民国时期的知名度，还是以北平画界为主，与南方画界交集本来不多。齐白石当时名重北方，即有流言蜚语说他的旧雨新知门人弟子，散播北平各阶层，新闻界尤其多，南方的画家要是到北平鬻画，据传言必须得先登齐白石门下拜师交纳"投名状"，即便如此，也仅能向各报刊登广告，但是就不要想专门刊载个新闻稿之类的宣传了。因此南方的二三流画家到北地鬻画，往往受无形之胁迫，不得不自附于其门人弟子之行列。[25] 如此谣言，竟能将用铁栅锁屋谨慎度日深居简出且极不喜欢拉帮结派的齐白石，塑造成地头蛇加黑社会的气质，莫名其妙蒙受这不白之冤，齐白石情何以堪？虽然心里苦，可是没办法，谁让您名气大？幸福的烦恼汤，自己盛的还得自己咽。

―――――――――

23　吕晓：《民国时期出版的四本齐白石画册研究》，载北京画院编《齐白石研究》第四辑，广西美术出版社，2016，第 21―25 页。

24　吕晓：《民国时期出版的四本齐白石画册研究》，载北京画院编《齐白石研究》第四辑，广西美术出版社，2016，第 12―33 页。

25　一痴：《二三子害了齐白石》，《中外春秋》1947 年第 10 期。

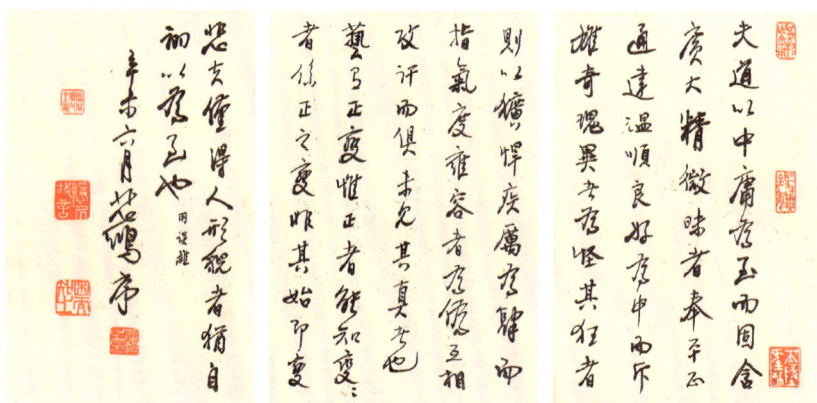

徐悲鸿"序"《齐白石画册》 北京画院藏

齐白石知道上海画坛吴昌硕画风影响甚巨，即便是到了《齐白石画册》出版的十四年后，即 1946 年，齐白石到上海办展，依然有报纸无端批评道："齐白石此次来沪，好像风头十足，严格说起来，齐白石的画品，粗犷恶浊，实在要不得的，诚如谢啼红君之言，与吴昌硕王一亭相去甚远，吴王天分骨力均高出齐万倍，吴王若在，此齐木匠绝不敢来沪献丑也。"[26] 齐白石在由徐悲鸿联系推动出版的《齐白石画册》的扉页上，却使用了早在 1924 年由吴昌硕所题墨宝。同时于画册之中刊载大量未必为世人所知的山水画作，他的目的有二：一是为避开海上所盛行的吴昌硕画风，本来据说吴昌硕就曾很不屑地说过北方人学他皮毛，齐白石听到后咬着后槽牙说老夫也在皮毛类，但是怄气归

26　季仲渔：《齐白石来沪忙然金鱼画家》，《国际新闻画报》1946 年第 66 期。

恼气，但是务实精神还是必须有，齐白石人情练达可见一斑；二是齐白石为开拓新的绘画市场所做出的策略性选择。齐白石以篆刻及花卉草虫立足画坛，山水画作鲜为人知，而且其山水风格过于出奇，极难得到偏于传统一脉的北平画界认可。齐白石曾自陈："余画山水，时流谤之，使余几绝笔。"[27] 自己这山水画风差点被批评家的口水给淹死，所以老人家后来几乎不怎么画山水了。齐白石想见上海于当时为"开风气之先"的摩登都市，对于新奇事物的接受程度应该更高，也更宽容。自己的这批山水画作，虽然不能在北平打开市场，但是在沪上或许能是另外一番局面，且能避开说我学他皮毛那个人所擅长的题材画风，何乐而不为呢？

但是齐白石对这本《齐白石画册》的最终效果，却极不满意："1932 年 11 月 4 日，徐悲鸿又在一封信中对齐白石说'画集事请放心，必以全力为翁刊四集。（此集不算，因照片太小。）'信中提到的'此集'明显就是 7 月由中华书局出版的这本画集，而'此集不算，因照片太小'则很可能因为画册中图片太小，齐白石并不满意，因此徐悲鸿进行了安慰，并允诺为他再出版四本画集。但似乎齐白石已经等不及了，当年冬天，便让门人王雪涛、张万里按照自己的意愿托怀英印刷局印制了《白石画集》第三册。"[28] 这本画册确实像是个应付或者完成任务的敷衍之作。齐白石的画作在排版设计上一塌糊涂不说，且印刷得模糊不清。老人家除对这本画册的印刷制版这些客观因素并不认可外，还

27　北京画院编《人生若寄：北京画院藏齐白石手稿诗稿（下）》，广西美术出版社，2013，第 441 页。

28　吕晓：《民国时期出版的四本齐白石画册研究》，载北京画院编《齐白石研究》第四辑，广西美术出版社，2016，第 28 页。

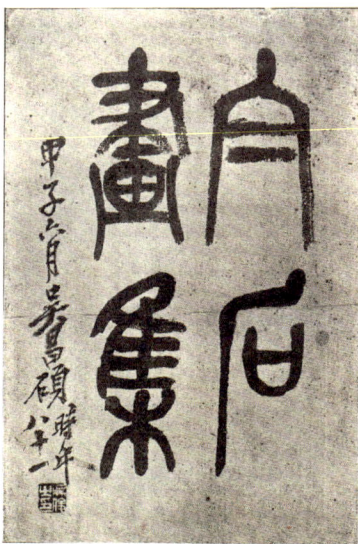

吴昌硕题签 《齐白石画册》 北京画院藏

有另外一个重要因素，实际上，对于徐悲鸿为他所写的"序"，也非常不满意。

早在《齐白石画册》正式出版之前，齐白石曾致信中华书局的编辑吴廉铭，希望样刊中不要刊载王湘绮为他早年所写的文章，他给出的理由是："王湘绮师作齐白石山人传，其时白石年方四十，画名未远，故湘绮师作传专言篆刻，未曾言及白石之画。承代印白石画册，不必用湘绮师所作之传可矣，与白石之画无关，用之乃画蛇添足也。"[29] 齐白石信中的潜台词是，虽然王湘绮是我老师，但是我老师没夸我的画。这是本画册，还是

29　吕晓：《民国时期出版的四本齐白石画册研究》，载北京画院编《齐白石研究》第四辑，广西美术出版社，2016，第24页。

得用夸我画作的文字作序才行。

齐白石对于这本画册的期待，除涉及现实的市场考虑外，从这封信的内容也可管窥，老人家还是希望"理论界"可以对他的画作做出相对中肯的评价。更确切地说，是希望能够对他的山水画作，做出进一步的业界评介与认可。这个重任，当仁不让地落在了徐悲鸿身上。但是徐悲鸿所写的"序"，似乎是让齐白石失望了：

夫道以中庸为至，而固含广大精微昧者，奉平正通达温顺良好为中，而斥雄奇瑰异者为怪。其狂者，则以犷悍疾厉为肆，而指气度雍容者为伪，互相攻讦，而俱未见其真者也。艺有正变，惟正者知能变，变者系正之变，非其始即变也。艺固运用无尽，而艺之方术至变而止，例如瓷本以通体一色、纯洁无瑕为极品，亦作者初愿所期望其全力所赴，若形式之完整无论矣。如釉泽之调和精密，配剂不虞，其他也即其经验所积，固已昭然确凿审知也，不谓以火率先后之差其所冀，通体一色能洁无暇之器，忽变成光怪陆离。不可方物之殊彩，拟之不得，仿之不能，其造诣盖出诸意料以外者，是固非历程之所必有收效之。必善顾为正之变也，恒得此境，要皆具精湛宏博之观，必非粗陋荒率之败象，如浅人所设似是而非之伪德也。

白石翁老矣，其道几矣由正而变，茫无涯诶！何以知之，因其艺致广大尽精微也。云二者，中庸之德也，真体内充，乃大用，非腓虽翁素称之，石涛亦同斯例也。具备万物指挥若定，及其既变，妙造自然，夫断章取义所窥一斑者，必背其道，慨世人徒袭他人形貌也，而尤悲夫仅得人形貌者，犹自诩以为至也。辛未六月悲鸿序。[30]

这篇"序"与其说是为齐白石而述，倒不如说是徐悲鸿的自我宣言。且不说全篇几百字，看似与齐白石直接关联处仅寥寥三十余字。徐悲鸿通篇重点叙述了所谓"正"与"变"二者间的辩证关系，更进一步引出自己历来所提倡的"致广大、尽精微"的革新理念。徐悲鸿并非不擅社会交际人情酬酢的书呆子，代写序言本来属于锦上添花之举，而且齐白石之前写给吴廉铭的信中所表达的幽幽心曲，已是不言自明，徐悲鸿又怎么能够不晓得呢？可是徐悲鸿为什么不成人之美皆大欢喜一场，按照老人家的意愿用点华丽丽的辞藻使劲夸一夸他的山水画作，却偏偏要写出这样一篇看起来拧巴、读起来费劲的"序"呢？

首先应宏观考察一下徐悲鸿1929年离开北平到出版《齐白石画册》这个时段的所思所行。最具话题性的是在1929年徐悲鸿以总务委员身份参加全国美展，在此期间与徐志摩发生所谓关于现代派绘画的著名论战，相关论述汗牛充栋，于此不再赘述。抛开论点，单以辩论水平与文章水平看，徐悲鸿是完败于徐志摩的。当然，艺术家搞辩论，大多数时候只是个很搞的事情。徐悲鸿于展会会刊《美展》第五期发表《惑》一文，成为此次论争的导火索，此文结尾道："吾滋愿吾敬爱之中国艺人，凭吾国天赋造物之繁，有徐熙、黄筌、易元吉、钱舜举等大师，并

30　吕晓：《民国时期出版的四本齐白石画册研究》，载北京画院编《齐白石研究》第四辑，广西美术出版社，2016，第28—29页。

与吾人以新生命工力湛深遗世独立之任伯年，不愿再见毫无真气无愿力一种 Art Conventional 之四王充塞，及外行而主画坛之吴昌老。式微式微，衰落已极。"[31] 话说留学生爱拽洋腔，三句汉语夹杂一个英文单词，其实不是当下才有的时尚，民国时期留过洋的人就爱这样玩，也算传承有个序。徐悲鸿发表艺术主张的文论口气，总有一种毋庸置疑的道德优越感与"我即真理"的不可辩驳的气质。然而"中国艺术摩西"的沉重担当，却被徐志摩这个政治经济学出身偏偏热爱骚柔范儿的斜杠青年，以一篇《我也"惑"》分分钟解构成了一地鸡毛。[32] 不管怎样，这里值得注意的是，由徐悲鸿所力主出版的《齐白石画册》，用的恰恰是他认为"外行而主画坛之吴昌老"的题签，诚然是徐悲鸿接受了齐白石偏于市场的策略性选择。

徐悲鸿曾随后又函答徐志摩："弟对美术之主张，为尊德性、崇文学、致广大、尽精微、极高明、道中庸。"[33] 这段话与徐悲鸿为齐白石所写的"序"中第二段内涵基本一致。在徐悲鸿看来，他不是全然拒绝艺术的"变"，而是需要"由正而变"，"变者系正之变，非其始即变也"，在徐悲鸿看来，欧洲的新古典主义抑或浪漫主义大师，均是"由正而变"，而到了近代如马奈、塞尚、马蒂斯等则完全可称得上"其始即变"，即瞎变、乱变、没传承变、没章法变的坏榜样。《齐白石画册》序言的第一段，依旧是徐悲鸿此类艺术观点的延续和再诠释。

31　郎绍君、水天中主编《二十世纪中国美术文选》（上卷），上海书画出版社，1999，第202页。

32　徐志摩：《我也"惑"》，载郎绍君、水天中主编《二十世纪中国美术文选》（上卷），上海书画出版社，1999，第203—213页。

33　王震编著：《徐悲鸿年谱长编》，上海画报出版社，2006，第80页。

当然如此序言，并非全然喧宾夺主般的颠顶自陈，抑或借他人手中酒杯浇自己胸中块垒，我们老校长没那么没眼力。也应从另外一个角度审视，正如前文所述，徐悲鸿、齐白石二人于艺事都能推陈出新，是彼此心有戚戚的地方。齐白石独树一帜的风格，若非艺术市场得宠从而继续自信下去，恐怕近现代艺术史完全会是另外一番书写模式。但是齐白石成名之后所遭遇到的诽谤诘难不绝于耳，徐悲鸿实际同样面临如此窘境，两人所受毁誉皆来自"变"。以这个角度审视，徐悲鸿为齐白石所写"序"中有关"由正而变"的辩白既属自辩，更是对于攻讦齐白石画风为"野狐禅"或"荒唐绝伦"的宏观辩解。"白石翁老矣，其道几矣由正而变，茫无涯涘！"徐悲鸿的良苦用心由此可见。

但是从微观视角审视，徐悲鸿既然如此强力辩证，且齐白石早已言明"故湘绮师作传专言篆刻，未曾言及白石之画。承代印白石画册，不必用湘绮师所作之传可矣，与白石之画无关，用之乃画蛇添足也"。徐悲鸿为何又不愿满足齐白石的要求，对他的作品，尤其是此册中的大量山水画作，做出具体入微的评介呢？

首先来看《齐白石画册》出版后的反响如何。徐悲鸿于同年写给齐白石的信中似可一窥端倪：

白石先生尊鉴：

百忙因久未奉书，左臂已无恙否？翁之山水独创一格，深合自然。俗子偷懒，惟知四王。复好论是非，鄙人因号之曰：有目用以无视，最为可耻，向例样本最精，愿翁勿失去此册。

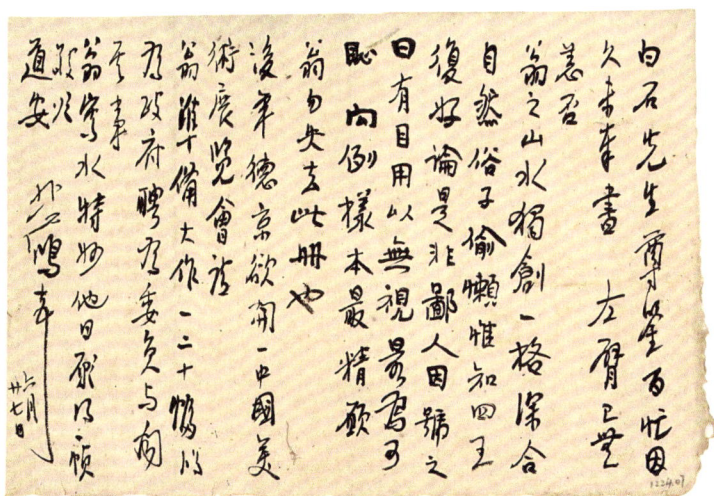

徐悲鸿　信札　纵 24 厘米·横 36 厘米　1932 年　北京画院藏

后年德京欲开一中国美术展览会，请翁准备大作一二十幅。

鸿为政府聘为委员，与闻其事。翁写水特妙，他日愿得一帧。

　　敬颂

　　道安

悲鸿顿首[34]

　　很明显，齐白石于沪上选择山水作为画册主体内容的出版策略，实际并未取得理想中的效果。必然有论者依然视其山水画作为"野狐禅"制造舆论攻讦不止——尽管画册前已陈有徐悲鸿占到将近三分之一篇幅"由正而变"的雄辩之词。徐悲鸿随后的一份信札所述，进一步印证了这种推测：

34　王明明主编《北京画院藏齐白石全集·综合卷》，文化艺术出版社，2010，第 319 页。

白石先生尊鉴：

　　读手教，令我又气又笑，此类下流斯文人，有谁准过他画画，真是活见着鬼。吾推重齐白石者，正因为其无一笔古人而能自立，（此节尤重要）信口雌黄，多见其不知量也，何损于白石毫末，一笑置之可矣。自印画不甚妥，因发行至为麻烦，倘未交印，鸿尚有法令他处印。惟须有照片乃可。先生已有千古，乘此精力尚健之时，写画数百幅藏于椟中，不必贱价售之俗人。悲鸿倘一日有微力时，必设一画院尽以陈列吾白石翁画，以愧三百年来仰人鼻息之小丈夫也（任伯年除外）。

　　敬颂

　　道安

悲鸿顿首

　　这封信写于中华书局正式出版发行《齐白石画册》两个月后，徐悲鸿此时已经得知齐白石要自印画册的事情，因为当初联系中华书局具体出版事宜多为徐悲鸿亲力亲为，深知其中甘苦周折，他力劝齐白石放弃自印画册之举实际出于好意。但是齐白石却不听劝阻一意孤行，如此迅速再出一版画册，明显深受徐悲鸿所言某些"下流斯文人"的无端指摘刺激所致。

　　徐悲鸿在这封信中努力安慰老人家受伤害的心灵之余，"设一画院"之说，也只能说是为齐白石圆场的安慰之语。徐悲鸿在前信中言及"翁之山水独创一格，深合自然"[35]，看似是对齐

35　王明明主编《北京画院藏齐白石全集·综合卷》，文化艺术出版社，2010，第319页。

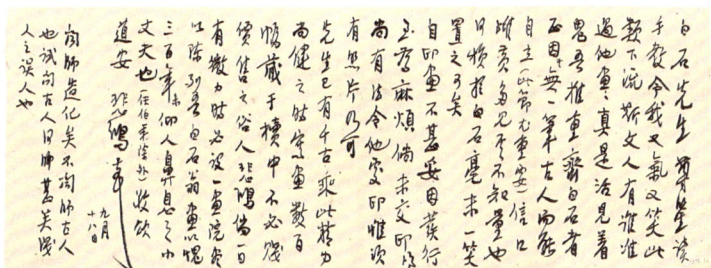

徐悲鸿　信札　纵 23.5 厘米　横 66 厘米　1932 年　北京画院藏

白石的山水画作极为认可，但是难以理解的是，从徐齐往来信函可见，徐悲鸿更看重的，还是齐白石的那些虾、蟹、鸡、雀一类的水族抑或动物题材：

> 齐白石曾多次提到徐悲鸿对自己山水的认可，比如 1932 年他作《山水》，自题："少年为写山水照，自娱岂欲世人称。我法何辞万口骂，江南倾胆独徐君。谓吾心手出异怪，鬼神使之非人能。最怜一口反万众，使我衰颜满汗淋……"
>
> 奇怪的是，徐悲鸿向齐白石求画的题材并不更多垂青于其山水，而是他的动物画，可从几封信中窥见一斑：
>
> 虾蟹小鸡之类册页请多作几幅，托吾购翁画者皆至友，不同泛泛。
>
> 两三笔之虾蟹小鸡请多作几幅。
>
> 倘得佳作，乞为我留之，尤以册页及横幅（六尺横开三张式样大小最好）松鼠葡萄、雨景山水、群雀、白菜（淡墨）番瓜（朱磦）、老屋、乘风破浪，皆鄙性所最喜，翁其为我写之。
>
> ……祈速寄小册页尽管重复不妨，小鸡、螃蟹、松鼠灰色、

左：徐悲鸿、齐白石、周作人合影 《北洋画报》1935 年第 25 卷 1206 期
右：徐悲鸿联欢会齐白石题字 《北洋画报》1935 年第 25 卷 1204 期

青蛙之属多多益善。[36]

　　从彼此往来书信可窥，徐悲鸿实际青睐的，并非是齐白石的山水之类，而是水族抑或动物题材作品。1936 年，徐悲鸿发表《中国今日之名画家》，开篇提道："夫挟技而成名者，必有一长足取，至若以艺名千古者，必有多种惊人之才艺，乃得为人倾倒，必非如今日广告出生之作家，徒知欺人一时者，可比拟其万一也。中国今日虽云文化式微，艺事衰落，但精极一艺之作家尚不少，试略论之。"[37] 随后于文中点评了九位画家：汪亚尘、

36　吕晓：《民国时期出版的四本齐白石画册研究》，载北京画院编《齐白石研究》第四辑，广西美术出版社，2016，第 30 页。徐悲鸿请求齐白石所绘诸物信函，藏于北京画院，参看王明明主编《北京画院藏齐白石全集·综合卷》，文化艺术出版社，2010，第 320 页、第 322 页、第 324 页、第 325 页、328 页。
37　徐悲鸿：《中国今日之名画家》，《中国美术会季刊》1936 年第 1 卷第 2 期。

徐悲鸿、齐白石　斗鸡图　纵 103 厘米　横 79 厘米　1947 年、1954 年　徐悲鸿纪念馆藏

经亨颐、陈树人、齐白石、高剑父、张大千、张书旂、潘天寿、方药雨。徐悲鸿所选出的自认为"精极一艺之作家",且不论评选标准何来,实际大多是与徐悲鸿多有过往者,此种排序多多少少有人情文章之嫌。文中徐悲鸿如此评价齐白石:

> 齐白石之长处,在有色彩,一往直前,无所顾忌,惟多红而少绿,或其性格所尚,写昆虫突过古人,其虾、蟹、雏鸡、芭蕉,以墨写者,俱体物精微,纯然独创。[38]

徐悲鸿只字不提齐白石的山水画作,而且言辞节制,既赞誉齐白石脱离传统绘画窠臼之长处为"有色彩",又立刻话锋一转,"惟多红而少绿",实际是对齐白石一些迎合市场画风的作品的含蓄批评。[39]按照徐悲鸿的评判标准,齐白石尚处在"一长足取"的"挟技而成者"之列。与齐白石形成鲜明对比的是,徐悲鸿将所谓"有多种惊人之才艺""艺名千古者"的至高赞誉桂冠,似乎是颁发给了张大千:

> 大千潇洒,富于才思,未尝见其怒骂,但嬉笑已成文章,山水能尽南北之变,(非仅指宗派,乃指造化本身),写莲花尤有会心,倘能舍弃浅绛,便益见本家面目,近作花鸟,多系写生,神韵秀丽,欲与宋人争席,夫能山水、人物、花鸟、

38　徐悲鸿:《中国今日之名画家》,《中国美术会季刊》1936年第1卷第2期。

39　俞剑华即曾尖锐批评齐白石道:"'多买胭脂画牡丹',这也许是老头子的生意眼,但已经成名而且年登耄寿的大作家,应该为身后的千古之名着想。不应该老是看重在目前的几张钞票上。"陆丹林:《吴昌硕与齐白石》,《永安月刊》1949年第118期。

齐白石　五言联　纵 178 厘米　横 45 厘米　1941 年　徐悲鸿纪念馆藏

俱卓然自立，虽欲不号之曰大家，其可得乎。[40]

这才是齐白石期望在自己画册中所能看到的序言内容。唉，年轻人，让您夸一夸老人家我就这么难吗？

徐悲鸿于1942年发表《近三十年中国画概论》一文，纵论当时中国画坛诸位大家及其特色，其中赞誉了活跃于上海画坛的贺天健、吴湖帆、郑午昌的山水，点评了活跃于北京画坛的萧谦中、胡佩衡的山水，包括金城、陈师曾的山水花卉特色渊源，而在提到齐白石时，却依旧延续了他六年前的观点：

> 湖南齐璜，号白石山翁，他的草虫鱼虾，精巧无伦比，花卉则略师吴昌硕，粗枝大叶，遗貌取神，自民国八年到北京后，京中画师，学其笔墨者极多。近来所作山水及果品，用笔尤简，设色极浓，绕有西画后期印象派意趣，虽年臻耄耋，而思想极新，俨然为旧京画坛领袖。[41]

既热忱于无私扶持帮助齐白石，又始终坚持以自己的审美品位，对齐白石的绘画题材做出有分寸有节制的评价，这种看似矛盾的"交谊"，实际正是我们当下所极为缺失的一种人际交往间的古典气质：君子和而不同，小人同而不和！当然，对于齐白石画作的暧昧态度，也体现出徐悲鸿内心所蕴含的冲突而激烈的复杂艺术精神：

40　徐悲鸿：《中国今日之名画家》，《中国美术会季刊》1936年第1卷第2期。
41　徐悲鸿：《近三十年中国画概论》，《华文大阪每日》1942年第9卷第1期。

　　可以说，现实主义是徐悲鸿一生最大的困扰，一方面，他的知识结构、对艺术的认知和创作习惯决定了他对写实技术和古典、浪漫精神的偏好；但另一方面，在当时的那种内忧外患、民族自强感和责任感都异常激烈的时代氛围中，在一种较为普遍的要求艺术有力、直接地表现现实的声音中，易冲动和不乏热情的徐悲鸿也会有表现现实的愿望，因此，在一些较为特殊的外界环境下，他的这种对现实的关注和表现"现实"的冲动就常常会被激发出来。[42]

　　齐白石的虾、蟹、雏鸡等形神兼备的动物题材画作，无疑符合徐悲鸿既重"写实"又重"浪漫"的双重艺术品位。遗憾的是，齐白石貌似过于"写意"而脱离"形似"的山水画风格，却并不在徐悲鸿的审美范围之内。以徐悲鸿于《齐白石画册》的"序"中所言的奇正之辩而论，这些山水作品实际过于"出奇"而难寻"正统"。包括齐白石山水画中的一些偏于"模件化"的重复"组装"风格，徐悲鸿也是持谨慎保留的态度。这也就解答了为何徐悲鸿极力推动出版《齐白石画册》，而在序言中却对其不做具体评介的部分疑惑。

　　但是作为"一个有着留法八年的资历又自视甚高，写实的水准在国内一时无两并要藉此推动一场'中国的文艺复兴运动'，频繁出入于上流社交圈、享有很高的社会知名度又是中央大学艺术科的招牌教授的徐悲鸿"[43]，他看到了齐白石的创造力与天才

42　华天雪：《徐悲鸿的"写实主义"》，《美术观察》2009 年第 6 期。
43　同上。

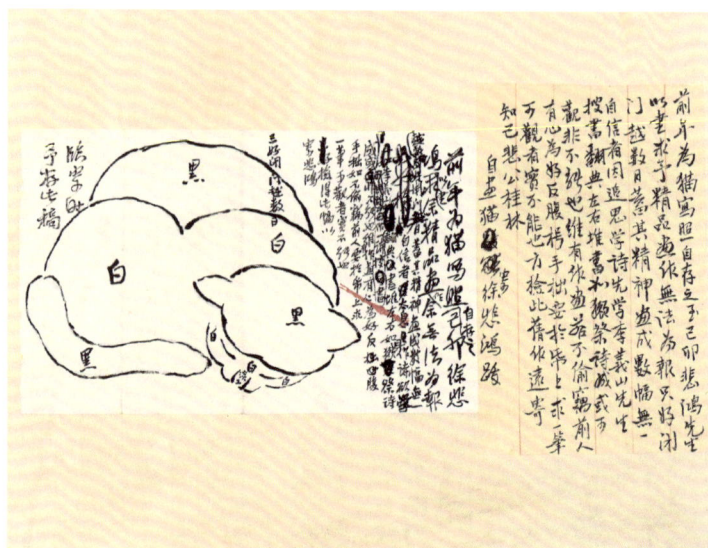

齐白石　猫　纵 18.5 厘米　横 30.5 厘米　1939 年　北京画院藏

特质，这是令他所激赏不已的。徐悲鸿有着自己关于中国"文艺复兴"的宏大建构，如力倡设立美术馆、改革美术教育、奖掖后进提拔人才等诸多宏愿，对于齐白石的推崇，除人与人之间天然的声气相投外，针对齐白石绘画的艺术史意义与历史价值，徐悲鸿实际已经站到了一个"现代性"的维度，对其做出了认知和定义（虽然这种评判，还是存有他自己的喜好与偏爱）。从这个角度去审视，徐悲鸿与齐白石的交谊，是在"和而不同"的古风气质间，又附着了一层更加凸显时代精神的交往内涵。而于齐白石的角度，则依旧沉浸在"江南倾胆独徐君"伯牙子期般的古意之中。

出版《齐白石画册》所引起的微小波澜，并未影响徐、齐

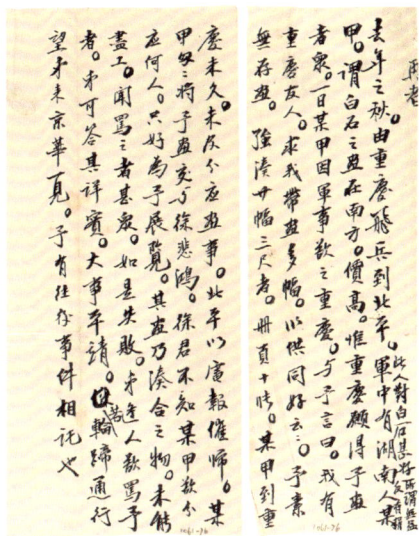

与姚石倩书　北京画院藏

二人关系。1935 年 2 月徐悲鸿奔赴北平。在 2 月 8 日由北平艺术界所举办的徐悲鸿联欢会上，平时深居简出的齐白石不仅出席，还在来宾名签上题字："余画友之最可钦佩者，惟我悲鸿君，所见作物甚多，今日所展尤胜当年，故外人不惜数千金购求一幅老柏树矣。白石山翁扶病，乙亥第六日。"[44] 同年《北洋画报》刊载徐悲鸿与齐白石"合作画"一幅。[45] 虽然此作为徐悲鸿先画松树，后经友人求齐白石补绘松鼠而成，但画面极具象征意义，松树枝干茕茕孑立，松鼠灵动盘绕其上，笔墨简练，形神兼备，虽然松与松鼠并非同一时空绘制，但二者间的笔墨意趣可谓天

---

[44]《北洋画报》1935 年第 25 卷第 1204 期。
[45]《北洋画报》1935 年第 26 卷第 1286 期。

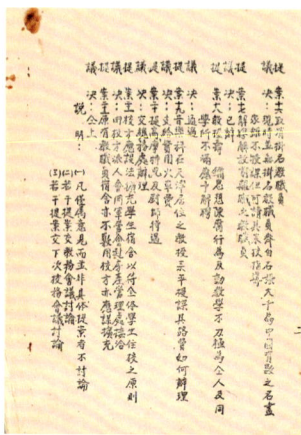

"取消挂名教职员提案" 国立北平艺术专科学校三十七学年第二学期第一次校务会议记录
（校务会提案） 中央美术学院藏

衣无缝，徐悲鸿与齐白石心有灵犀处，于此可见一斑。更何况齐白石补绘的，仍然是徐悲鸿所对他激赏不已的动物题材画作。

1945 年坐困愁城的齐白石，委托徐悲鸿为他在重庆办展以谋生计。[46] 徐悲鸿也是努力为之，虽然展览结果在齐白石看来并不理想：

> 去年之秋（1945 年），由重庆飞兵到北平，军中有湖南人某甲［此人对白石甚好，所谓无益反有捐（损）］，谓白石之画在南方价高，惟重庆愿得予画者众。……与予言曰：我有重庆友人，求我带画多幅，以供同好云云。予素无存画，强凑廿幅三尺者，册页十张，某甲到重庆未久，未及分应画事，

46　北京画院编《人生若寄：北京画院藏齐白石手稿信札及其它》，广西美术出版社，2013，第 89 页。

北平以电报归催。某甲匆匆将予画交与徐悲鸿，徐君不知某甲欲分应何人，只好为予展览，其画乃凑合之物，未能尽工，闻骂之者甚众，如是失败。弟（姚石倩）逢人欲骂予者，弟可答其详实。[47]

1946 年，徐悲鸿再次担任国立北平艺专校长一职，即重聘齐白石为艺专教授。1949 年北平解放之初，国立北平艺专校务会出现以所谓"挂名教职员"为由要求解聘齐白石的提案，徐悲鸿也是极力维护。随后徐悲鸿又为齐白石涨薪一事，多方斡旋殚精竭虑——但始终未尝所愿。[48]

自 1928 年到 1949 年的二十一年间，徐悲鸿倾力为齐白石出版画册、应接展览、争取涨薪，虽然均以失败告终，但并未有损于彼此的交谊。在一个稻粱裹挟尊严、前途谄媚"钱途"的黍离乱世，一位存有改良中国画的雄心壮志、力图发起中国文艺复兴宏愿的艺术家，与一位"借山亦好时多难，欲乞燕台葬画师"[49] 的民间职业画家间数十年的人生交集，本身就是一个耐人寻味的历史话题。

不过话说回来，人情练达活得晶莹通透的齐白石，难道真不知道徐悲鸿喜欢自己的哪类画作吗？有时候，看破不说破，才是维持友谊长久人生圆满的王道所在。这道理，老人家怎么会不明白？

47　北京画院编《人生若寄：北京画院藏齐白石手稿信札及其它》，广西美术出版社，2013，第88—89 页。
48　张涛：《画家生活与教授生涯——齐白石与国立北平艺专往考略》，《美术研究》2013 年第 3 期。
49　齐璜口述、张次溪笔录《白石老人自传》，人民美术出版社，1962，第 69 页。

六

桃花源

清晨，一滴浊泪，顺着眼角的褶皱，一起一伏地跌落下来。

要不是铁栅屋外传来的哨鸽声，湘潭杏子坞的鸟语花香，还会在老人家的梦中继续萦绕一番。两年前，一位土生土长的北平人幽幽写道："好，不再说了吧。要落泪了，真想念北平呀！"[1]

老人家又何尝不是。只不过他思念的，是回不去的星斗塘与借山居。

几十年后，那个想北平的人投湖自尽，想湘潭的人从胡同走上神坛。莫与命争，大清朝还在的时候，老人家就想得很明白。

画吧。

已经不清楚多久不画山水了。这世道，金脸银花卉，要讨饭画山水。想想当初来京，还常画两笔，不仅不讨琉璃厂古董鬼的喜欢，还常受画界名流讥笑，逼得老人家几乎绝笔此道。曾偶然为友人画册页二十四开，他清楚记得友人惊诧之余所奉上的溢美之词："此册远胜死于石涛画山水册堆中之一流，恐古人未必及也。"想想老人家初来京华时，生涯寥落，若非天公作美人事和畅，他的那套画法，早被这些所谓名流的唾沫星子淹死在主旋律长河之中。以坚韧著称的摩羯座老人家心想，进入不了主旋律，那就把自己活成主旋律吧。

不管怎样，还是得画！缓缓提笔，开始以桂林山形造境。虽然行过无数的桥，看过无数的山，可是除了家乡，最难忘的还是那西南的山山水水。前景绘一桥一溪，桃花竞芳，万红一片，林中茅屋数间，依山参差而立，缓缓将观者视线引入桃林深处。中景危峰四座兀立而起，互成倾侧倚斜之势，远山黛青缥缈。

1　老舍：《想北平》，《宇宙风》1936 年第 19 期。

画毕题诗："平生未到桃源地，意想清溪流水长。窃恐居人破心胆，挥毫不画打渔郎。"

老人家提笔细涂慢染之时，家门外正是日寇汉奸横行无忌，战火四起江山失色之际。想想自己历经晚清乱局民国混战，颠沛流离南北东西备受艰辛砥砺，终于在"故乡无此好天恩"的京华得以天日和畅安居乐业，本想此生能终老旧都也算福分，可谁想现如今又落得个坐困愁城度日如年的尴尬困境。想想已虚度七十八个光阴，这担惊受怕的日子，什么时候是个头呢？

以《桃花源记》出典——"土地平旷，屋舍俨然，有良田美池桑竹之属。阡陌交通，鸡犬相闻"。那曾经是他童年时最不以为然的日常，如今却成为永难回首的无限乡愁。"茅屋雨声诗不恶，纸窗梅影画争妍。深山客少关门坐，老矣求闲笑乐天。"采菊东篱山中隐居，是他当初所由衷期许的理想生活。不知有汉，无论魏晋，该有多妙！那误入清溪深处的打渔郎，如果换作是他该有多么幸福？！陶渊明能用文字塑造一个理想乌托邦，老人家也能用丹青描绘一个梦中桃花源，讽刺的是，现实中却是一个处处战火与废墟的破碎山河。老人家只能在尺幅之间，逃避现实，寄寓旧梦。他想用这幅山水来祈福——祈求家国完整不再受黍离之痛，祈求自己生活清逸能安享晚年。欣欣向荣的桃源仙境，与荒寒冷寂的残垣废墟，往往只是一枚硬币的两面。这宿命般的道理老人家懂，所以才不愿意画那误入青溪深处的颟顸渔夫。

落笔，画成。

这是齐白石晚年所绘最精彩的一张山水画作，没有之一。

默默地看着尚未干透的墨色，凝神静思，他想起了那套已

齐白石　桃花源　纵 101.5 厘米　横 48 厘米　1938 年　北京画院藏

黎承礼　题借山吟馆图　纵 29.5 厘米　横 48 厘米　无年款　北京画院藏

经许久未曾打开予人观瞻的残剩册页，想起许多年前的那个齐白石。

　　齐白石早年的山水画作，罕有确切记述，其中较为突出的是《借山吟馆图》。按其回忆所述，1901 年为图存"借山吟馆"形貌，特意绘《借山吟馆图》一幅留作纪念。[2] 黎承礼曾为《借山吟馆图》题诗，其中言及"绿到鸥波水上居，捲簾山色认天衢。借君十日溪楼住，为画湖庄万柳图"[3]，大体可窥此画所绘意境。黎承礼并在诗后跋语道："寄园山人自绘《借山吟馆图》，遍征同人题咏。余年来倦游归里，文酒之会，与山人无日不相聚首。亦为作四绝句，后二章仍同元均（韵）。世变日亟，囊金买

2　齐璜口述、张次溪笔录《白石老人自传》，人民美术出版社，1962，第 47 页。
3　王明明主编《北京画院藏齐白石全集·综合卷》，文化艺术出版社，2010，第 145 页。

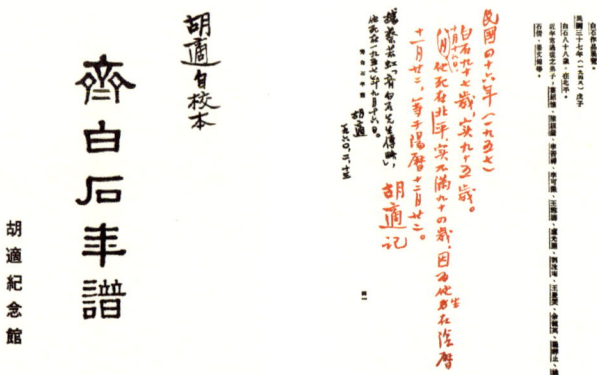

左：《齐白石年谱》（胡适自校版） 胡适纪念馆出版　1972年
右：《齐白石年谱》内页（胡适自校版） 胡适纪念馆出版　1972年

山，徒豪举耳。如此达观，当代宁有几人。合笔三叹，为成此册。"[4]
而在《齐白石年谱》中，胡适考证道：

> 白石在游长安之前，曾作借山图，亦名借山吟馆图。其
> 后他游西安、北京、江西、广西等地，都"自画所游之境"，
> 总名借山图卷，白石自状不记作画起于何时。我细检借山图
> 题诗钞本，见其中有年月可考者重加排比，始得考定借山图
> 的最早一部分是在他游西安之前画的。如谭延闿题两绝句，
> 款题"壬寅六月"，这是他在游西安之前半年。……这篇跋
> （徐崇立跋语）可证明白石初画的是"借山吟馆图"，其时约

4　王明明主编《北京画院藏齐白石全集·综合卷》，文化艺术出版社，2010，第145页。

在光绪二十七年辛丑（一九零一），后来白石遍游南北好山水，每"自画所游之境"，范围年年扩大了，他自己也记不得他开始在何年了。他甚至于不记得他自己原题的两首绝句说的什么了。许多题诗的都是和他的原韵，第一首用还、关、山韵脚；第二首用风、蛮、钟韵脚。[5]

从胡适所述即前引文献可知，先有《借山吟馆图》，后有《借山图》。而据北京画院藏《借山图》与《借山吟馆图》的题记，时间最早者确为《借山吟馆图》，但随后诸家题诗中《借山图》与《借山吟馆图》名称交错出现，并未有明显的时间顺序。据此可证，齐白石将1901年所绘《借山吟馆图》，也曾编入1910年所绘《借山图》册之中。因此才会出现题记者笔下既有"题《借山吟馆图》"也有"题《借山图》"的交错状况。

王闿运1904年题道："濒生仁弟属题《借山馆图》，为谱《琵琶仙》词一曲，即送还隐。甲辰七夕，闿运。"[6]观北京画院藏诸家题记中，名为《借山馆图》者，仅此一例。齐白石正是在此年七夕于南昌与王湘绮及同门弟子相聚，按其自述所言，因觉众人皆对不上其师"地灵胜江汇，星聚及秋期"句而自耻不已，因此"中秋归里，删馆额'吟'字，曰'借山馆'"[7]。"盖壬寅年后不敢言诗。"[8]但随后如1905年汪瑞闿、沈赞清，1909年郭人漳，

5　胡适编纂：《齐白石年谱》（胡适自校本），胡适纪念馆，1972，第15—16页。

6　王明明主编《北京画院藏齐白石全集·综合卷》，文化艺术出版社，2010，第152页。

7　胡适编纂：《齐白石年谱》（胡适自校本），胡适纪念馆，1972，第17页。

8　北京画院编《人生若寄：北京画院藏齐白石手稿诗稿（上）》，广西美术出版社，2013，第101页。实际齐白石当时在现场对了王闿运之诗，只是不知为何后来在回忆中掩去了此事，参看奇洁：《湘绮门墙白发新——王闿运与齐白石的师生交谊》，载北京画院编《齐白石师友六记》，广西师范大学出版社，2020，第52—57页。

無數青山恨無處著我扙棚
茅舍祖塋新約千年吾盧也
堪借行且住三分水竹恰安
頓一囊詩畫梅熟東鄰泉
兮西澗應結蓮社是誰對
瞰柵雞棲共料理生涯閒
時價細手塘頭吟罷看秋
花春稼寬家地哥人憒有待
共尋沈氏閒話一
笑五柳先生折腰懷賈

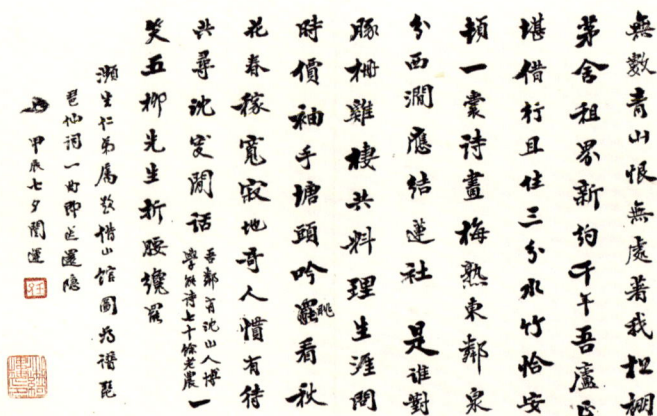

王阉运　题借山馆图　纵 29.5 厘米　横 48 厘米　1904 年　北京画院藏

1911 年杨钧，1917 年夏寿田等人的题跋，又记为《借山吟馆图》，齐白石为人的敏感与自尊，一个"吟"字春秋毕显。又据《癸卯日记》，1903 年齐白石初次北上京华，于"廿一日（四月）晨兴，画《借山吟馆图》与午诒"。[9] 此处记载可对胡适先生的判断加以补充，即所谓《借山吟馆图》，并非独独存有 1901 年一幅，而是如同后来的《借山图》一样是多幅成册。齐白石对于山水画作的自我确证，亦早在此时确立。他在绘成此幅之后同时老夫聊发少年狂："既数百年前有李营邱先生《梅花树屋图》，又有高房山先生《白云红树图》，徐文长先生《青藤老屋图》，不可不存数百年后有齐濒生先生《借山吟馆图》之心。"[10]

9　北京画院编《人生若寄：北京画院藏齐白石手稿日记（上）》，广西美术出版社，2013，第 54 页。
10　同上。

　　齐白石自述《借山图》由来："……还把游历得来的山水画稿，重画了一遍，编成借山图卷，一共画了五十二幅（1910年）。其中三十幅，为友人借去未还，现在只存了二十二幅。"[11] 而在《白石自状略》中的表述为："造一室，曰借山吟馆，置碧纱厨（橱）于其中，蚊蝇勿扰，读古文诗词，吟新句。将所游好山初稿重画，编入借山图，共得五十余图册。余闲种果木三百株。"[12] 同样是在《白石自状略》中，齐白石又记为："平生著作无多，自书《借山吟馆诗》一册，《白石诗草》八卷，《借山吟馆图》四十二开。"[13] 是否《借山图》与《借山吟馆图》分别成册，所以有四十二开与五十余册之说？但齐白石在此处又加按语道："陈师曾借观，失少十图。"[14]1917年齐白石二上北京，"我在行箧中，取出《借山图》，请他（陈师曾）鉴定"。[15] 胡佩衡也曾记道："《借山图》是老人一生最宝贵的作品，从不轻易给人看，总怕遗失损坏。可惜后来被陈师曾借去一部分欣赏，不幸陈师曾病故，《借山图》也遗失十幅，老人提起非常痛心。"[16] 则可知《借山吟馆图》后来确为《借山图》中一部分。按齐白石的前后自陈，有关《借山图》的具体开数，一为四十二开，一为五十二开。经人为遗失，现仅存二十二开藏于北京画院。

　　现存二十二开《借山图》，按母题可分两类：一为家乡景色，一为远游景观。按《齐白石日记》所记其出游经历，可追溯部

11　齐璜口述、张次溪笔录《白石老人自传》，人民美术出版社，1962，第60页。
12　北京画院编《人生若寄：北京画院藏齐白石手稿信札及其它》，广西美术出版社，2013，第128页。
13　同上书，第133页。
14　同上书，第133页。
15　齐璜口述、张次溪笔录《白石老人自传》，人民美术出版社，1962，第72页。
16　胡佩衡、胡橐：《齐白石画法与欣赏》，文化艺术出版社，2011，第45页。

齐白石　借山图之九　纵 30 厘米　横 48 厘米　1910 年　北京画院藏

分《借山图》写生稿由来,也可推测遗失部分原初的可能性内容。

　　1902 年 12 月,应在陕为官的友人夏午诒相邀,齐白石从家乡远涉西安,以家庭画师身份教授夏午诒的小妾姚无双学画。此行是老人家人生中的第一次远游。新结交的知己樊樊山出于好意相告,他可在慈禧太后面前举荐,让齐白石当个内廷供奉,为太后代笔,生计也会自此不愁,说不定还能走上仕途混个几品官当当。夏午诒闻讯也力劝不已,但是齐白石对这种官场生路虽未嗤之以鼻,但也非常不以为然,极力退辞之余还作诗明志:"长安城外柳丝丝,雁塔曾经春社时。无意姓名题上塔,至今人不识阿芝。"[17]

　　结识的人中往往背后说齐白石傲慢孤僻。眼见两鬓霜白年

17　齐璜口述、张次溪笔录《白石老人自传》,人民美术出版社,1962,第 50 页。

齐白石　借山图之十　纵 30 厘米　横 48 厘米　1910 年　北京画院藏

已不惑，周身政客商贾如过江之卿——眼看他起朱楼，眼看他宴宾客，眼看他楼塌了。富贵云烟万事空，想想髭髯将雪，与挽帝国大厦于将倾、拯救黎民免遭生灵涂炭这些大事比起来，书画篆刻这点儿雕虫小技，能有什么可骄矜自傲的？齐白石想得很明白。那些无能无耻的骄宦庸儒又何足挂齿？他只是不愿意同流合污啊。况且这巍巍大雁塔，默默见证了多少名臣硕儒兴衰荣辱，又有何用？老人家没有朝为田舍郎暮登天子堂的鸿鹄志气，能苟全性命于乱世，听一听家乡的竹啸松声，看一看荷塘蛙鸣，已是极乐人生。还是乡人汪诒书堪称知己，齐白石曾请他为《借山吟馆图》题诗，他欣然领命："大好青山，曾阅尽，兴亡无数。暂容我，一瓢一笠，有谁宾主。老树千年无甲子，高歌四壁惊风雨。笑王侯，甲第尽纷纷，皆尘土。"

　　1903 年 3 月 2 日，齐白石又随夏午诒由陕入京，友人盛情相送一路至灞桥。灞桥自古为东出长安伤别离之地。齐白石绘灞桥独立，斜柳数棵，河天黄土共一色。寥寥数笔，意境悠扬。陆游诗云：朝天无路，万里凄凉谁寄音。东风里，有灞桥烟柳，知我归心。此作既是齐白石脱离传统笔墨藩篱对景写生之佳构，又是陌上花开可缓缓归矣的轻快心语。想起前一年年末初到长安，即由灞桥而入，齐白石曾自题："名利无心到二毛，故人何苦远相招。蹇驴背上长安道，冷雪寒风过灞桥。"[18] 此时彼时，今夕是何年？

3月5日，至华阴县郊，登华岳庙万寿阁，远眺北岳险峰壁立千仞，想起唐诗记"华岳三峰小，黄河一带长"，与华山相比，家乡的南岳衡山就显得过于妩媚轻柔。齐白石也诗兴勃发："壮观须上最高楼，胜地重游且莫愁。碑石火残存五岳，树名人识过青牛。日晴金掌横天立，云近黄河带水流。归卧南衡对图画，刊文还笑梦中游。"此作用笔更为简略，画面大部分以婉转曲线为主，以现云蒸霞蔚势态。华岳三峰以大写意墨块概括而出，线与面、笔与墨、疏与密的节奏张力跃然纸上。与王履以老辣苍劲笔触所绘《华山图》相比，齐白石笔底的华山更显柔和与淡然，投射物象的笔意颇有举重若轻之感。

14日，过河南偃师，绘《嵩山图》，并有诗云："天涯何处异尘寰，三月东风出汉关。十里碧桃花不断，浔溪流水画嵩山。"[19] 此作也被纳入齐白石《借山图》系列，可惜如今原作已无处可觅。[20]

18　北京画院编《人生若寄：北京画院藏齐白石手稿诗稿（下）》，广西美术出版社，2013，第317页。文中行旅时间为齐白石所记农历时间。

19　北京画院编《人生若寄：北京画院藏齐白石手稿日记（上）》，广西美术出版社，2013，第44页。

20　齐璜口述、张次溪笔录《白石老人自传》，人民美术出版社，1962，第51页。

上：齐白石　借山图之十三　纵 30 厘米　横 48 厘米　1910 年　北京画院藏

下：王履　华山图册之一　纵 34.5 厘米　横 50.5 厘米　无年款　故宫博物院藏

上：齐白石　借山图之二十二　纵 30 厘米　横 48 厘米　1910 年　北京画院藏
下：齐白石　借山图之四　　　纵 30 厘米　横 48 厘米　1910 年　北京画院藏

齐白石　借山图之十八　纵 30 厘米　横 48 厘米　1910 年　北京画院藏

22 日，过开封柳园口渡黄河，夜晚挑灯绘《黄河图》。一河两岸，近景绿柳成荫，两支桅杆岸边兀立，两位老者趋步向前呈待渡之势，黄河以大面积布白，不着一笔的空无势态表现其波澜壮阔且波澜不惊的蜿蜒形貌。齐白石想起大唐李白那吟诵黄河的千古名句，想起青丝已成雪的家中老人，乌乌私情，此行出来得太久，想家了。

4 月 5 日，抵京。虽然"庚子之变"刚过去不久，善于遗忘的帝都似乎就已如同什么都没发生过一样繁华如昔。京城的玉兰花再次绽放。访客访友访琉璃厂，这是齐白石初次客居京华的全部内容。

某日为友人绘《洞庭帆日图》，一山、一帆、一云、一日。布局绝佳，旁人绝想不到可如此构图。想那些画界俗手描绘洞庭云烟，怎少得了岳阳楼？齐白石偏不画它。长烟一空，心旷

齐白石　小姑山写生稿　纵 21 厘米　横 12.5 厘米　1909 年　北京画院藏

神怡，宠辱皆忘——画要匠心独运自言自语才有意思。想齐白石早年学八大山人、学金农、学石涛，终究是他人眉眼。在琉璃厂看到前辈高手笔下之作，其实大部分也不过如此。[21]"胸中山水甲天下，删去临摹字一双"。[22]此行不虚。

19 日，天津登船，开始南归。大沽口等海潮时，绘《铁山图》。[23]

27 日，至安庆，船行江上，遥望小姑山。当年陆游至此颇为惊诧其异，幽幽记道："自数十里外望之，碧峰巉然孤起，上干云霄，已非它山可拟，愈近愈秀，冬夏晴雨，姿态万变，信

21　北京画院编《人生若寄：北京画院藏齐白石手稿日记（上）》，广西美术出版社，2013，第 72 页。
22　同上书，第 277 页。
23　同上书，第 78 页。

齐白石　借山图之十四　纵 **30** 厘米　横 **48** 厘米　**1910** 年　北京画院藏

造化之尤物也。"今日一见，始知前辈所言非虚。齐白石画其远望之景，又绘其近观之态，再勾描一从船上回望其正面之彤，此即《小姑山图》。并题诗道："忠魂热血有还无，记说彭郎夺小姑。我欲觅公谈国恨，一横碧色长菰蒲。"[24]杜甫所谓"幸有舟楫迟，得尽所历妙"，这归家之旅虽是一路颠簸劳顿寝食难安，但能顺江而下阅尽天下美色，倒也是快事一桩。

　　1904 年，得湘绮师相邀，游江西，登临滕王阁。想起老师七夕之日所吟"地灵胜江汇，星聚及秋期"句，齐白石和同门虽然勉强对上，但是终究难博老师欢心，虽说并无诘责之意，可是心里总有说不出的难受。罢了罢了，吟风诵月的事还是交

24　北京画院编《人生若寄：北京画院藏齐白石手稿日记（上）》，广西美术出版社，2013，第 80 页。

上：齐白石　借山图之五　纵 30 厘米　横 48 厘米　1910 年　北京画院藏

下：齐白石　借山图之二　纵 30 厘米　横 48 厘米　1910 年　北京画院藏

给读书人吧，齐白石想想还是老老实实用画笔图绘心印聊寄娱情就好。

1905年，出游桂林，天下山水之奇莫过于此。尤其于独秀峰——袁枚有诗云："来龙去脉绝无有，突然一峰插南斗。桂林山水奇八九，独秀峰尤冠其首。三百六级登其巅，一城烟水来眼前。青山尚且直如弦，人生孤立何伤焉？"齐白石以浓淡相间的墨色勾勒山峰陡峭身姿，峰顶绘小屋三间，旗杆一支，背景以大面积平涂晕染体现岚烟势态，更衬托出独秀峰之独之秀。想起前一年湘绮师为他的印章刻本集所写的序言："白石草衣，起于造士。画品琴德，俱入名域，尤精刀笔，非知交不妄应。朋座密谈时，有生客至，辄逡巡避去，有高士之志，而恂恂如不能言。"[25] 在桂林，齐白石坚辞后来名满天下的蔡锷盛情送来的教职，这傲然独立的独秀峰，不正是此间的齐白石自我精神的微妙写照？我见青山多妩媚，料青山见我应如是。齐白石用秃笔一支借天下名山尽归我有，等他年不再出游安居乡野，展卷披览卧游四海，何其痛快？！人生孤立何伤焉？

1907年，出游钦州，过北仑河，览越南山水。只见野蕉数百株，映得漫天碧色，景色妙极，齐白石触景生情绘《绿天过客图》，也收到《借山图》册之内，可惜如今又是人画两茫茫。[26]

《齐白石年谱》记："自壬寅至乙酉（一九〇二—一九〇九），白石游览佳山水有六大处：壬寅自湖南到西安，癸卯自西安到北京，由海道经上海回湖南。此一出一归也。甲辰游江西南昌与

---

25 齐璜口述、张次溪笔录《白石老人自传》，人民美术出版社，1962，第54页。
26 同上书，第58页。

庐山，是年回湖南。此二出二归也。乙巳从湖南到桂林，看广西山水；丙午从广西到广东，回湖南。此三出三归也。丁未春游广东，冬回湖南。此四出四归也。戊甲复游广东，由海道到上海，至乙酉九月始回湖南。此五出五归也。他游览了六大处山水（陕西、北京、江西、广西、广东、江苏）。"[27] 齐白石将 1908 年与 1909 年两次出游广东合记为一次，实际应为"六出六归"[28]，此处暂按齐白石说法。从文献可知，自 1903 年至 1907 年间，有确切记载的《借山图》存有十幅。

1909 年，是齐白石自以为的此生最后一次出游。想想从 1902 年开始数出数归，已经绘纪游三十二图。[29] 此番乘船南下，再遇小姑山，想起 1903 年过此地画其侧面，1907 年画其正面，如今又画其背面。至安徽芜湖，画《金柱关图》，又画对岸《采石矶图》。3 月 7 日又至钦州，绘《天涯亭图》。后绘安南界之望楼并铁桥为图。此行齐白石的箧笥中又添借山图四幅。[30]

1910 年，齐白石将"五出五归"纪游图画及家乡景致，依初稿重新绘制，编成《借山图》册。按齐白石所述，在 1909 年之前已有"纪游三十二图"，而 1909 年出游七个月，"此回来钦，篆刻共二百八十余石，画幅、画册、画扇约共二百五十余纸"[31]。远游归家，种树观花。从此齐白石打算终老乡里，优哉游哉。复登竹霞洞，许多年前他就画过此处。[32] 如今再看，依然烟云奇

---

27 胡适编纂《齐白石年谱》（胡适自校本），胡适纪念馆，1972，第 19 页。
28 郎绍君先生对此有详细介绍，在此不再赘述，参看郎绍君：《齐白石的世界》，北京时代华文书局，2016，第 11—15 页。
29 北京画院编《人生若寄：北京画院藏齐白石手稿日记（上）》，广西美术出版社，2013，第 88 页。
30 同上书，第 131—132 页。
31 同上书，第 132 页。
32 同上书，第 87 页。

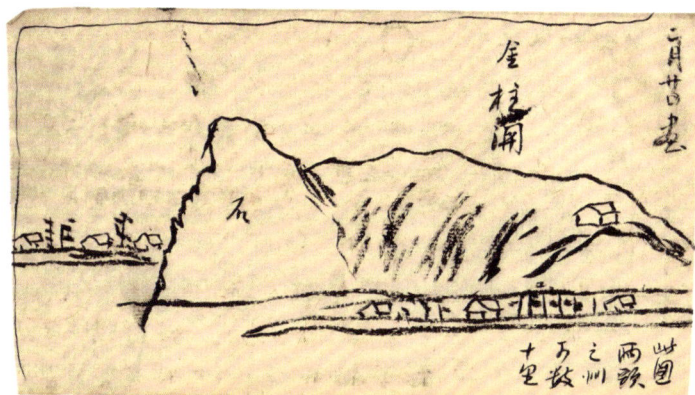

上：齐白石　金柱关　写生稿　纵 12.5 厘米　横 21 厘米　1909 年　北京画院藏

下：齐白石　采石矶　写生稿　纵 12.5 厘米　横 21 厘米　1909 年　北京画院藏

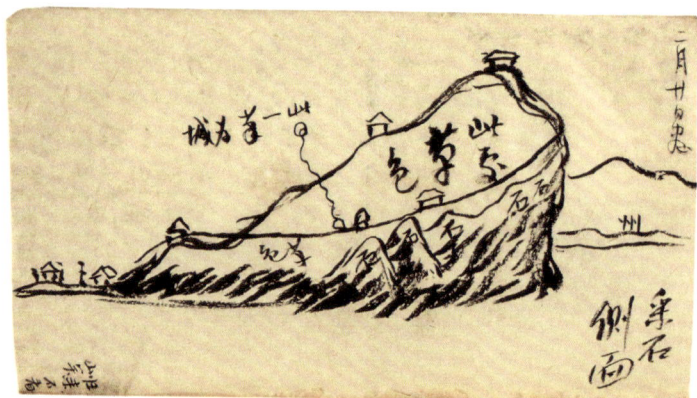

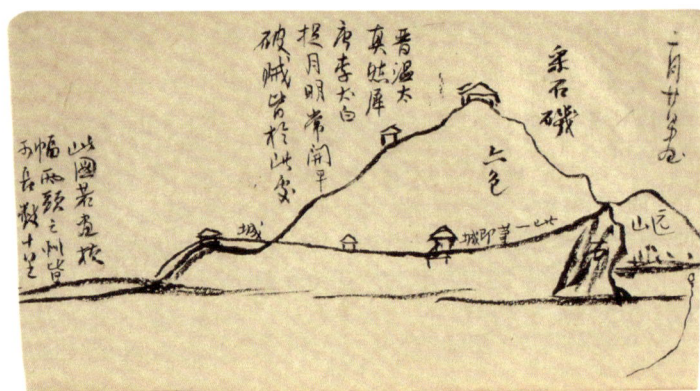

上：齐白石　采石矶　侧面写生稿　纵 12.5 厘米　横 21 厘米　1909 年　北京画院藏
下：齐白石　采石矶　侧面写生稿　纵 12.5 厘米　横 21 厘米　1909 年　北京画院藏

齐白石　借山图之六　纵 30 厘米　横 48 厘米　1910 年　北京画院藏

诡，景色宜人。画我祝融峰，峭拔磊落。画我借山馆，依山傍水，坐听潇潇竹声。齐白石将"五出五归"的游记图画与故土佳构重绘之后整理成册，一一钤印，留出题诗位置，以备将来卧游抒怀追忆前尘时落墨。

上：齐白石　借山图之三　纵 30 厘米　横 48 厘米　1910 年　北京画院藏

下：齐白石　借山图之二十一　纵 30 厘米　横 48 厘米　1910 年　北京画院藏

上：齐白石　借山图之七　纵 30 厘米　横 48 厘米　1910 年　北京画院藏
下：齐白石　借山图之十五　纵 30 厘米　横 48 厘米　1910 年　北京画院藏

废墟 ｜ 七

作为《湖社月刊》主编的胡佩衡，于 1927 年为推出"雪景专题"，而请齐白石专门创作《雪松高士图》一幅。齐白石于画面题记："余数岁学画人物，三十岁后学画山水，四十岁后专画花卉虫鸟。"齐白石山水画学习起步虽然较晚，但是益处在于反而能少受传统画学束缚与规训。《借山图》册在他现存为数不多的山水画作之中，风格非常独特。虽然是依据自己"五出五归"多年积累写生画稿与借山馆及其周边景致重新绘制而成，但是此套《借山图》的风格截然不同于齐白石之前的山水画面貌，也迥异于他衰年变法后的大写意画法，与题材类似的《石门二十四景》画风相比更是判若两人。相较于齐白石早期山水画的模仿痕迹，与后期山水画的"模件化"组装风格，《借山图》堪称一个非常独特的存在。

在现存二十二开《借山图》之中，我们能够看到类似《芥子园画传》图式的平面性特质；其裁剪有度的画面布局，如《借山图》之《滕王阁》的巧妙构图，有理由相信齐白石是在旅行途中使用了类似"景规"[1]一类的器具取景绘稿。多元化的对景写生，会令人想起石涛精彩多变的山水意境，极为简略的用笔设色，又是源自八大山人的萧瑟格调，只不过齐白石妙手变冷逸为安逸，变冷涩为亲和。晕染与平涂的稚拙技法，又不由得让人想起齐白石所激赏的金农画风，此套《借山图》可谓齐白石集自身所学又加以自我独创的集大成者。陈半丁对齐白石的艺术性格评价很是到位："一个画家师法某人之后，要'离开'

---

1 "用小纸板中间作一长方空洞，名叫'景规'，写生时由洞向外看（立幅直看，横幅横看），愿意画的部分，都列在空洞范围内，如同照相机取景法一样，就不觉得景物的广大无边，无法容纳了，这是初步的截取章法。"胡佩衡：《我怎样画山水画》，人民美术出版社，1961，第 106 页。

齐白石　古树归鸦　纵 138 厘米　横 47.5 厘米　1949 年　北京画院藏

是很不容易的。齐白石师法的艺术家很多，而只取其法，一个个都'离开'了，样样不受束缚，这叫'处处有（有传统继承）'，'处处无（无因袭保守）'。齐白石不但能创，而且能'闯'，别人不肯画或不敢画的东西，他肯画、敢画。这是难得可贵的。"[2]

齐白石为什么要精心绘制《借山图》？海兹拉尔先生给出了比较具体的解答：

> 齐白石的《借山图卷》，把一种新的观点带入中国山水画中。这种观点不论是在古代绘画，或是在齐白石那个时代的绘画中都是不常见的，或者说都是不突出的。图卷中的所有图画，尽管都经过凝练的艺术加工，但是还是中国真实山水的艺术写照，它所描绘的每一处景色都有确切的地理名称。……齐白石并没有采用传统方法来描绘山水，即如以往那般表现人与大自然永恒不变的关系。这样画出来的山水画可能是一个有机整体，但它们基本上就是用不同的典型的自然元素组合构成的画面布局。齐白石力图为名山大川写照，这些地方除了风景美不胜收，还和中国的历史及神话传说有特殊的关系，并且它们已在中华民族炎黄子孙的心目中形成了一种固定的观念……这种对物质实体的态度是齐白石对历史、文学和古老神话传说的热爱的表现，也是他爱国情怀的流露，这使得他在政治压迫的情况下把满腔的爱国热忱付诸山水画创作上。这些蕴含着中国古老神话寓言和铭记着古代战争遗迹的画作是那么雄辩有力地向人们传达了山水的精神

---

2 《北京中国画院座谈齐白石艺术》，《美术》1958 年第 4 期。

齐白石　借山图之十六　纵 30 厘米　横 48 厘米　1910 年　北京画院藏

内涵，又如中国人吟诗赋词的永恒圣地洞庭湖，或者名为《雁坡塔》的画作都那么具有说服力。[3]

对景写生，摆脱传统山水画创作藩篱，的确是齐白石此套册页的特色之一，但是就写实性而言，只要将明代王履的《华山图》与《借山图》之《华岳三峰》相比较，齐白石的笔墨实则更显浪漫与写意。以齐白石日记管窥，他对于行旅途中名山胜景的兴趣点，并非像传统文人般快意于能够与史地景物所承载的历史人文神思相接，抑或可以与过往的文人骚客遥相接踵，从而获得某种文人身份的确证以产生愉悦感，齐白石更在意的是眼前景色能否"入画"，是否"新奇"。而将"政治压迫"与

3　[捷克] 约瑟夫·海兹拉尔:《齐白石》，广西美术出版社，2017，第 62—63 页。

"爱国情怀"作为其创作动机的解释，更是略显牵强。而且需要注意的是，齐白石在旅行途中所绘写生稿，与在1910年精心整理而成的《借山图》，其创作动机及其内涵外延的阐释空间，是完全不同的两种存在。

以现存《借山图》的图像内容审视，画面以局部细节呈现。描绘出游景色，视角蕴含的是一种虽静犹动的现场感，而描绘"借山馆"及其周边景色，又是以一种颇具象征意味的仪式感显现。齐白石以包含现场感与仪式感的移动镜头，形成了一套自成体系的"图像自传"。册页大面积留白的处理方式，换句话说，是在凸显一种"空无"的状态，这种"空无"，也更能激发画者与观者的想象热情。巫鸿先生对于中国传统绘画中"废墟"概念的诠释，有助于进一步理解齐白石在这套《借山图》中的创作思路：

> 现在我们已经无法看到这些"墟"当时的风貌了。但幸运的是，一些古诗为这类记忆空间提供了清晰的形象。如果说"丘"以土墩为特征（如我们在屈原《哀郢》里读到的），"墟"则是更多地被想象为一种空廓的旷野，在那里前朝的故都曾经耸立。作为一个"空"场，这种墟不是通过可见可触的建筑残骸来引发观者心灵或情感的激荡……而是一个特殊的可以感知的"现场"（site）。因此，"墟"不是由外部特征得到识别的，而是被赋予了一种主观的实在（subjective reality）：激发情思的是观者对这个空间的记忆和领悟。[4]

4　[美]巫鸿：《废墟的故事：中国美术和视觉文化中的"在场"与"缺席"》，上海人民出版社，2012，第27页。

也许会有人质疑如此解释是否有过度诠释之嫌，尤其将其对应于并没有承继太多传统文人家学，且出身社会底层的齐白石。如果齐白石只是纯粹地以景物是否"入画"或者"如画"为原则进行主观性的创作，这种质疑无可厚非。但是我们也不应忘记与《借山图》同时相匹配的诸家所题诗词。从最早于1902年由黎承福所题《借山吟馆图》，到1932年经亨颐所题，前后跨距三十年，先后为此题记者共计四十一人。

《借山图》(《借山吟馆图》)题写者名录[5]

姓名	时间	身份	籍贯	备注
黎承福	1902 年 / 无年款	乡贤	湖南湘潭	
黎承祎	无年款	乡贤	湖南湘潭	
木焕卤	无年款			
谭延闿	1902 年	光绪进士，历任湖南省长兼督军、国民政府主席、行政院长	湖南茶陵	
黎培銮	1902 年	举人、乡贤	湖南湘潭	黎承福代书、齐白石师友
陈少蕃	1902 年	乡贤	湖南湘潭	黎承福代书、齐白石师友
王训	无年款	乡贤	湖南湘潭	诗友兼儿女亲家
夏寿田	1902 年 / 无年款 1917 年 / 无年款	光绪进士，历任翰林院编修、袁世凯总统府顾问	湖南桂阳	齐白石知交兼赞助人

5 名录以北京画院所藏整理而成，参看王明明主编《北京画院藏齐白石全集·综合卷》，文化艺术出版社，2010，第 144—170 页。

续表：

姓名	时间	身份	籍贯	备注
樊增祥	1903 年	光绪进士，历任陕西布政使，诗人	湖北恩施	齐白石结交的第一位外省知己
徐崇礼	1903 年			
曾熙	无年款 / 无年款	光绪进士，曾任提学使，诗人、书法家	湖南衡阳	
曾炳熿	1903 年	学者		著有《新疆吐鲁番厅乡土志》
陈兆奎	无年款	清末曾任任度支部主事，民国后任平政院评事		
王闿运	1904 年	经学家、诗人	湖南湘潭	齐白石师友
汪诒书	无年款	光绪进士，历任翰林院编写、广西提学使、山西布政使	湖南长沙	齐白石"三出三归"赞助人
汪瑞闿	1905 年	历任江西省民政长、参政院参政	江苏盱眙	
沈赞清	1905 年	沈葆桢孙，历任东莞知事、道尹	福建福州	擅书画、工诗文
余诚格	1906 年 / 1906 年	翰林院编修，历任广西及湖北布政使、陕西巡抚、湖南巡抚	安徽望江	1906 年时在江西任职
李子荣	1906 年	翰林院庶吉士	湖南衡山	
金鹤翔	1909 年			
郭人漳	1909 年 / 1909 年	历任山西道台、江西及两广巡防营统领、新军协统	湖南湘潭	齐白石至交、赞助人
谭泽闿	1910 年	书法家	湖南茶陵	
颜楷	1910 年	翰林院编修，曾任四川保路同志会干事长，书法家	四川成都	
杨钧	1911 年	杨度之弟	湖南湘潭	齐白石同门
杨庄	1911 年	杨度之妹、诗人	湖南湘潭	

续表：

姓名	时间	身份	籍贯	备注
杨寿钱	1916 年	"宪友会"发起人	贵州	
杨曾犖	1917 年 /1917 年			
方表	1917 年			
陈嘉言	1917 年	进士，翰林院编修，曾任漳州知府、国史馆编纂、国会议员	湖南衡山	
朱德裳	1917 年	同盟会会员	湖南湘潭	齐白石与陈师曾相识的引荐者
杨度	1917 年	政治家、诗人	湖南湘潭	齐白石同门
陈师曾	1917 年	书画家、教育部编审	祖籍江西义宁，生于湖南凤凰	
□群	1917 年			
胡朝梁	1917 年	曾任教育部社会教育司主事、内务部文职，陈三立弟子，诗人	江西铅山	
罗惇曧	1919 年	康有为弟子，历任总统府秘书、参议、顾问	广东顺德	
罗复堪	1919 年	书法家，康有为弟子，历任教育部、财政部、司法部参事	广东顺德	
梁焕奎	无年款	实业家	湖南湘潭	杨钧代书
张仲飏	无年款	曾任湖南高等学堂教务长、湖南督军秘书	湖南湘潭	1922 年之后题写，齐白石同门、儿女亲家
经颐渊	1932 年	教育家	浙江上虞	
欧阳渐	无年款	佛学家、书法家	江西宜黄	
于右任	无年款	同盟会会员、国民党元老、书法家	陕西三原	1946 年与齐白石相识

按表所示，以 1917 年为节点区分，在此时段之前的题写者，大多为齐白石至交好友，抑或同乡同门。齐白石用《借山图》为自己塑造了一份视觉日记，同时也是他力图拒绝遗忘的生命记忆。但是对于凝结着自我历史的"图像志"，齐白石采取的是一种开放性的态度，他不断地请至交好友为此题诗作词，让观看者介入他的生命记忆之中，"激发情思的是观者对这个空间的记忆和领悟"。《借山图》是齐白石期望中的人生总结与精神家园，它和围绕它所生产出的诗词曲赋，共同构建出追忆与怀古的视觉链条，齐白石也在图文之间，建立了一种亲身经历者与旁观者时时互动的观看张力，又反过来为自我的生命轨迹，不断地赋予了新的意义与价值。换句话说，齐白石的图像记忆与观看者的文字记忆，共同形塑了一段视野可触的历史。法国历史学家皮埃尔·诺阿（Pierre Nora）对"历史"与"记忆"两种概念的分析，可以帮助我们理解围绕《借山图》所产生的"以图证史"和"以史证图"之间的张力所在：

记忆与历史远非同义，其实是背道而驰。记忆是生命，由活着的社会产生，而社会也因记忆之名而建立。记忆永恒演变，受制于铭记与遗忘的辩证关系，无法意识到自己逐次的蜕变，易受操纵侵犯，并容易长期沉眠，定期复苏。而历史则永远是对逝水流年的重构，既疑惑重重又总是挂一漏万。记忆是时时刻刻实在发生的现象，把我们与不息的现实扭结在一起；而历史则是对过往的再现。只要是动人心魄又充满魔力的记忆，都只按自己的口味对事实挑肥拣瘦；它所酝酿的往事，既可能模糊不清，也可能历历在目，既可能包含有方方面面，也可能只是孤立无援的一角，既可能有所特指，也可能象征其他——记忆对每一种传送带或显示屏都反应敏感，会为每一次审查或放映调整自己。而历史，因为是一种知识和世俗的生产（an intellectual and secular production），需要加以分析和批评。[6]

王闿运阅读齐白石的图像记忆，激发出他对家国危亡独木难支的历史忧思："无数青山恨无处，著我松棚茅舍。租界新约千年，吾庐正堪借。"[7]夏寿田读出了沧海桑田何枝可依的命运多舛："独余几幅残画图，总是平生旧心血。千金敝帚知无用，万里随身那抛得。忆昔长安初见时，正值归銮罢兵革。东邻函谷写黄河，西倚华山图太白。布衣抗手揖公卿，造化神通一支笔。奇骨当年何突兀，华发于今两萧瑟。君为画师有声名，我是逋人无羽翼。宁知扰攘干戈际，百感苍茫共今夕。沟壑名山总偶然，此会欢忻亦凄侧。君归结屋祝融颠，好借青山为四壁。"[8]杨度更是由此追溯到自己所亲身经历的荒唐历史"现场"："当今群师方争战，飞机直达乾清门。九陌惊传复辟诏，四郊骤见共和军。"[9]

齐白石在精心描绘《借山图》之际，其生活理想只是隐居乡野，能以乡贤身份文人心境终老故里即是圆满。[10]文人画家的角色塑造，也是此套《借山图》的创作动机之一：

6　[美]巫鸿：《废墟的故事：中国美术和视觉文化中的"在场"与"缺席"》，上海人民出版社，2012，第35页。

7　王明明主编《北京画院藏齐白石全集·综合卷》，文化艺术出版社，2010，第152页。

8　同上书，第159页。

9　同上书，第165页。

10　齐白石心境历经数变，具体可参看张涛：《故乡无此好天恩——齐白石三上北京的职业化之路》，《美术研究》2012年第4期。

上：夏寿田　题《借山图》　纵 24 厘米　横 37 厘米　1917 年　北京画院藏

下：杨度　题《借山图》　纵 29.5 厘米　横 48 厘米　1917 年　北京画院藏

　　齐白石对八大、石涛、金农、李复堂等文人画家和他们的艺术的推崇喜爱，主要不是因为他与这些画家的艺术经历与个性相似，而是出于对文人画的仰慕，和成为文人艺术家的渴望。远游以来，他更加认识到文人绘画与民间绘画的区别，在他的心目中，雅俗相别的观念增强了。他原是工匠，后学工笔画法，本为"匠家"。此时有意识地向疏简、冷逸的文人画靠近，强调"似与不似"，既处于抒发情感之需，也出于与工匠身份和"画家习气"拉开距离的心理背景。他对最具文人气质、文人风格的八大的崇拜，正与他向文人画和文人画家转变的过程相表里。这个过程一直延续到二十年代初。[11]

　　譬如《借山图》之七，茅屋窗边所摆放的笔墨石砚及书籍；《借山图》之二十，描绘老者月下坐听云林泉壑；《借山图》之二十一，所绘老者静坐竹林茅屋之中，甚至会令观者联想起文人画家的典范赵孟頫所制《谢幼舆丘壑图》[12]，两者传达出的岩穴之士的意境可谓异曲同工。《借山图》中的这些构成元素，均是传统文人理想生活的图像表征与符号化诠释。齐白石虽未体现出犹如传统文化精英在易代之际所本能凸显出的强烈的雅俗焦虑，但是以1904年南昌师门一聚，王闿运题《借山馆图》时，齐白石默默删去"吟"字，但在随后的诸家题诗中"吟"字又悄然现身，以及对于自己四艺之中"诗第一"的判断，可以管

11　郎绍君：《齐白石早期的绘画》，载郎绍君主编《齐白石全集·第一卷》，湖南美术出版社，1996，第75页。
12　王明明主编《北京画院藏齐白石全集·综合卷》，文化艺术出版社，2010，第165页。

赵孟𫖯　谢幼舆丘壑图　局部　纵 20 厘米　横 116.8 厘米　普林斯顿大学美术馆藏

窥齐白石的雅俗焦虑，只是表现得更为隐晦和内敛而已。诚如石守谦先生的判断：

> 由于雅俗观与社会阶层的紧密联系，当社会阶层关系产生变化时，原来既成的雅俗界定也必然地受到冲击，因而引起精英分子进行某个新的"雅俗之辩"。在绘画史上，十一世纪后期苏轼、米芾等人所倡的"文人画"主张，以及十六世纪末董其昌所提出的"南北宗"理论，从某一个程度上说，都是针对着当时特定的社会阶层关系而作的"雅俗之辩"。他们的内容多少有些不同，但所针对的问题却相当一致，都是企图将他们的艺术跟一般流行者区隔开来，而其背景皆是因为其所属群体之社会阶层性有重新被界定的必要……但是，既有的雅俗之分的标准却已不能应付新的情况，他们必须重新划定界限，在艺术上显示他们与一般大众与俗士的区别……十七、十八世纪的扬州画家如石涛、李鱓、金农等人，

也曾与海上画家一样，积极地迎向商业化的市场。但他们在"谐俗"之余，仍在作品中经营一种打破传统格式的"独创性"，以维持雅俗之辩的最后防线。[13]

　　齐白石在无奈北漂、定居北京之前，这种潜意识中的文人心性与精英意识一直存在。虽然以身份阶层而言，齐白石并没有传统文士阶层在智识上的天然优越感与群体文化意识，但他的文人心性是后天养成的。齐白石以《借山图》为媒介，主动展卷恳请题写者，以此为纽带塑成了一个新的精英群体。（四十一位题写者中的绝大多数均可谓传统社会中的精英阶层，也可看出齐白石的交际圈实则也是"往来无白丁"）从这个层面来讲，齐白石与传统文人在自我身份的强调与确证的路径上实际并无二致。

　　齐白石的《借山图》，至少在1917年之前，是以一种非功利性的文人交往媒介存在着，此套册页也是完整无缺的。游时为景，落笔成忆，能够想象对于此套册页敝帚自珍的齐白石，夜阑人静时，在借山馆里展卷卧游，伴着窗外竹林萧萧，徜徉在自我形塑的精神家园与历史空间之中，齐白石的自我世界，是足够愉悦的。此时此刻，《借山图》所蕴含的时空维度，是令齐白石回味无穷的精神桃花源。

　　1916年暮春时节，友人为避匪乱借住借山馆，偶观《借山图》并题词。齐白石想到借山是好时多难，不禁悲从中来："军

13　石守谦：《从风格到画意：反思中国美术史》，三联书店出版社，2015，第388—389页、第401—402页。

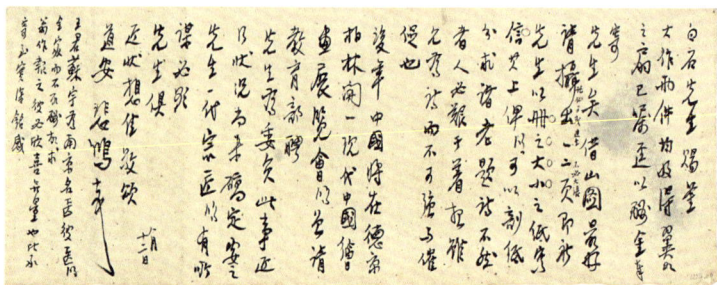

徐悲鸿　信札　纵 23 厘米　横 62 厘米　1932 年　北京画院藏

声到处便凄凉，说道湘潭作战场。一笑相逢当此际，明朝何处
著诗狂。自夸足迹图画工，南北东西尺幅通。却怪笔端泄造化，
被人题作夺山翁。"[14]1917 年，齐白石无奈北上，一避匪乱，一
求生计。齐白石的身份也从颇显暧昧的半职业半文人画家，一
变为纯粹的职业画家。他还是带上了《借山图》，在北京与陈师
曾初识，即借予观瞻。这种慷慨自陈之举，与其说是执念于伯
牙子期般的知己心态，毋宁说更看重"两字槐堂如写上，无群
鉴赏买相争"[15] 的务实目的。生性谨小慎微的齐白石，未曾料到
的是这一借，虽然的确换来"平淡见奇"四字评语，但是《借
山图》从此四散遗失，再未得全。[16] 而且以《借山图》题写者的
题写时间可见，1917 年是一个非常集中而频繁的年度。仅此一
年的题写者即达八位之多，占前后三十年之中题写者的五分之

14　北京画院编《人生若寄：北京画院藏齐白石手稿诗稿（上）》，广西美术出版社，2013，第 89—90 页。
15　齐白石：《泊庐赠画题三绝句》。载北京画院编《人生若寄：北京画院藏齐白石手稿诗稿（下）》，
　　广西美术出版社，2013，第 409 页。
16　有关齐白石、陈师曾二者关系，以及《借山图》遗失详情，参看张涛：《两字槐堂如写上无群鉴
　　赏买相争——齐白石、陈师曾关系新考》，载北京画院编《齐白石研究》第五辑，广西美术出版社，
　　2017，第 30—54 页。

左：齐白石　勾临金冬心精庐掩书图　纵 28 厘米　横 32 厘米　1917 年　北京画院藏
右：齐白石　勾临金冬心黄叶飞衣图　纵 26.5 厘米　横 33 厘米　1917 年　北京画院藏

一。《借山图》也由文人唱酬身份确证的雅致媒介，在某种程度上蜕变成人际交往、获取认同、打开市场的功利载体。如果不是陈师曾在 1917 年的借与失，让敝帚自珍的齐白石痛心不已，自此深藏箧笥秘不示人，相信《借山图》的题写者理应还会更多。甚至于在多年之后，当齐白石请徐悲鸿出面邀诸前辈为《借山图》题诗之时，徐悲鸿还不得不在信中委婉劝告道："《借山图》最好请摄出一二页（托仲子或迪生，不必大张。）即祈先生以册之大小之纸写信其上。俾鸿可以剖纸，分求诸老题诗。不然者，人必艰于着想，虽允为诗而不可强与催促也。"[17]

　　同时也应注意到，留存至今的二十二开《借山图》，其画面留白及钤印位置，均为精心构思有意为之。因为诸家墨宝均为单独成册，因此可反推齐白石于画面留白，并非是为了假以时日邀请他人题词于上（陈师曾"平淡见奇"四字实属个案）。北京画院藏齐白石临摹金农画稿数幅，非常有意思的是，齐白石

17　王明明主编《北京画院藏齐白石全集·综合卷》，文化艺术出版社，2010，第 321 页。

不仅细致勾临了作品原貌，并将金农的题诗也特意临摹于上，甚至于钤印也以手绘墨框示意，因而我更倾向于齐白石在画面做如此精心布局与设计，是为了效仿金农于册页的处理方式，能够在时机成熟之时自己题诗于上，实现诗书画印之间的一种完满呼应。齐白石虽然于诗于画皆曾苦学金农，《借山图》在图式处理、笔墨塑造、趣味表达上多少都能看到金农画风的影响，但是齐白石结合"五出五归"的实景写生，使得其绘画意境更显宏阔，韵味更趋别致。齐白石曾有一首自题诗，对自己所师所创，做出了一番耐人寻味的解释：

> 与君真是马牛风，人道萍翁正学公。
>
> 一笑随园无伪语，小仓长庆偶相同。
>
> 只字得来也辛苦，断非权贵所能知。
>
> 阿吾一事真输却，垂老清贫自叙诗。
>
> 岂独人间怪绝伦，头头笔墨创奇新。
>
> 常忧不称读君集，衣上梅花画满身。[18]

齐白石自 1904 年南昌师门一聚，删去"吟"字，不再以诗家自诩。现存《借山图》钤印边空荡荡的位置，正是齐白石期望能重新寻觅诗人抑或文人身份的期待空间。可惜在《借山图》散佚之后，齐白石再也没有心境做如此尝试了。

1917 年之前，《借山图》是齐白石多年游历与经年摹习的画学总结，更可将其看作齐白石衰年变法的前兆。此时的《借

---

18 北京画院编《人生若寄：北京画院藏齐白石手稿诗稿（上）》，广西美术出版社，2013，第 130 页。

左：齐白石　勾临金农画稿　纵 27 厘米　横 32 厘米　无年款　北京画院藏
右：齐白石　临金农稿　纵 28 厘米　横 32 厘米　无年款　北京画院藏

山图》，尚且属于齐白石形塑自我文人画家身份的视觉媒介与图像纽带。1917 年之前的题写者，大部分出身文化精英阶层，且多与齐白石为至交好友，齐白石不断展卷恳请诸家题诗，并不仅仅属于文人间的文字游戏，更是将个体的生命经历与旁观者融入共同的历史记忆之中，生发彼此的文化共鸣与群体意识，在潜移默化间完成了自我社会角色的移位，以及由"俗"到"雅"身份焦虑在视觉上的舒缓。1917 年之后，齐白石无奈北上谋生，其志向理念也处在人生的风陵渡口，《借山图》的功能变得更加趋于实际，部分起到了人情酬酢社交往来的功利性目的，也成为齐白石加强"湖湘师友圈"的图像纽带。

　　齐白石期望通过《借山图》，完满实现自我的桃源理想与灵魂书写，未曾想《借山图》的游、绘、借、失，却在无形间幽幽印证了他和这个国家在近代的命运轨迹——心印成为残迹，理想化为废墟！

上：金农　人物山水图册　纵 24.3 厘米　横 31.2 厘米　无年款　故宫博物院藏
下：金农　人物山水图册　纵 24.3 厘米　横 31.2 厘米　无年款　故宫博物院藏

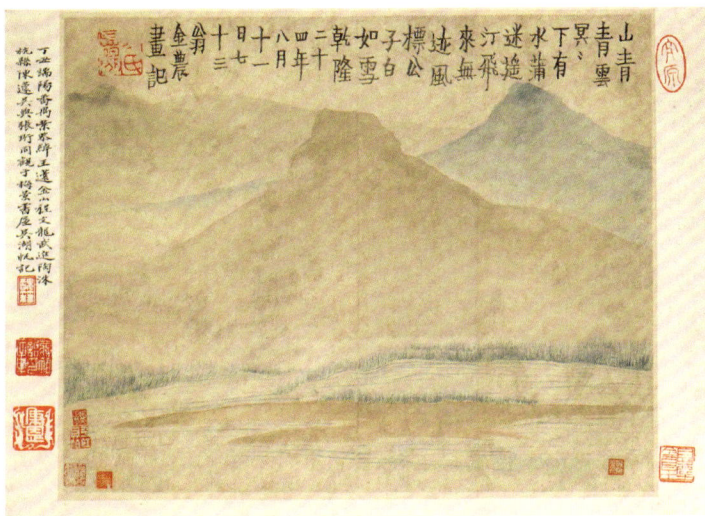

上：金农　人物山水图册　纵 24.3 厘米　横 31.2 厘米　无年款　故宫博物院藏
下：金农　人物山水图册　纵 24.3 厘米　横 31.2 厘米　无年款　故宫博物院藏

八

红豆生

民国时的报纸杂志数量庞杂，且八卦水准也是一流。1934年，某报即刊载到这样一则小故事：

> 西城 XX 艺术学院，在去年停办了；今年又重整旗鼓，正式开了张。据说当政者十分加油，又继承了从前的风水，自然会迅速的（地）发展起来。该院教授齐白石先生，在北平艺术界总算数一数二的名流。到他上课的第一天，学生们都早早静候在自己的位子上，急切等待着拜识这位久已闻名的老先生。等到齐白石走上讲堂时，不禁都怔了：因为齐先生年高力衰，上课时，总有两个女侍者扶持着寸步不离！艺院学生，见这位白发苍苍的老画家，被两位风韵犹存的少妇，扶上讲堂来，自然觉得有点别致。两位少妇都有三十岁左右；一位完全旧装，裙下露着一双瘦小的金莲，头上梳着一个乡下样的大圆头！一位已经剪了发，衣服是半旧式的。都一齐坐在讲堂上，当中夹着一位鹤发长须的老者；红颜白发，相映成趣。这种不常见的情形，学生们自然要引以为奇迹了。假如丁文江先生荣任艺院院长，定要等因奉此的（地）说："教授带太太上课，有碍学生听讲，着即严令禁止！"据说齐先生有好几位小星，恐怕这是其中的桃根桃叶罢！在那时候，有许多学生，在窗外拥挤的（地）看，眼光都射到她们身上，好像看新过门的娘子。齐先生自然是谈笑自若，两位女侍，却也面不改色；学生们暗里称她们作女英雄。[1]

---

1 斐西：《齐白石的女侍者》，《老实话》1934 年第 45 期。

　　此文说的"西城 XX 艺术学院",正是中央美术学院的前身国立北平艺术专科学校,当时叫作国立北平大学艺术学院。记者用极具现场感的"春秋笔法",栩栩如生地描写了红豆生在两位"风韵犹存的少妇"扶持下登台授课的模样。搁现在,这景象就得接受师德师风建设与批评,搁当时,可算是名士风流羡煞旁人。其实即便是声名显赫的北京大学,民初也是学风涣散,当时即以"探艳团""赌窟"和"浮艳剧评花丛趣事之策源地"等恶名邪号而闻名。[2] 不管怎样,这段记载只不过是媒体为博取眼球赚得噱头的春秋之笔。老人家也懒得辩解,作为民国大小报纸的重点消费对象,红豆生明白,这也是维持声名持续不衰的手段,还是睁一眼闭一眼得了。

　　红豆生正室陈春君,一个苦命的人,十二岁作为童养媳来到齐家。像所有那个时代老实淳朴而任由命运摆布的女人一样,侍奉公婆,主持家务,忍辱负重。陈春君比红豆生大一岁,在红豆生十九岁那年,两人在家人安排下圆了房。很难说这对少男少女,彼此间有多少真正的爱情存在。陈春君后来为红豆生生下三儿两女共计五个孩子,一生在齐家操劳。1919 年,红豆生北漂,开始两地分居的生活。20 世纪 20 年代,红豆生经常回湖南探亲,但是自 1926 年他的父母逝世后,老人家就极少回乡了。1940 年,陈春君病逝,算起来彼此携手度过了五十九年,分居二十一年,金婚已过,钻石婚差点。红豆生虽有诗文纪念,但是细细读起,也是感恩多过念情。对于一个童养媳出身的女人,一辈子绝望而倔强地活下去,大概也就是生活的全部。不管怎样,

---

2　蔡元培:《我在北京大学的经历》,《东方杂志》1934 年第 31 卷第 1 期。

齐白石　樱桃　纵 100 厘米　横 33.5 厘米　1956 年　北京画院藏

陈春君是做到了——你若不离不弃，我必生死相依。当然，煎熬大大多于浪漫，生存远远胜过生活。

第二任夫人胡宝珠，原先是红豆生的友人胡鄂公的婢女，后来胡鄂公得红豆生画作，即以胡宝珠为礼赠送，作为回报。民国的林徽因、施剑翘、张幼仪之流毕竟是极少数，绝大部分还是波伏娃笔下的"第二性"存在。胡宝珠十八岁时成为红豆生侧室，1940年陈春君病逝后被正式扶正成为继室，1943年难产而死，只活了四十二岁。和红豆生生活二十五年，生育了四男三女，平均三年一个。虽然倒是常常陪伴在老人家左右，但是此间所付出的艰辛，可能反而远胜于她的前任。

红豆生三十五岁之前，足迹所至，仅仅为杏子坞方圆百里之内。按他自己的回忆，直到三十五岁时才第一次进湘潭县城，经人介绍去给城里人画像。渐渐地，名气在城里传开，于是开始乡下、城中两地奔波的生活。[3]这奔着奔着，就奔出了一段"恋情"。红豆生每次进城，都要到一位叫作春姑娘所开的名为"聚英旅馆"的小旅店歇脚。这位春姑娘眉宇间颇有一些英气，应该是那种泼辣麻利、干活干脆利落的湘妹子，对于当时已经和陈春君度过十六年婚姻生活的红豆生来说，有吸引力是必然的。春姑娘的母亲去世了，红豆生身为地方文艺青年，不送钱财送诗歌："世人何必重生男？有女事亲，床上药汤襟上泪。逆旅最难逢此母，抚今思昔，寒时炉火热时茶。"[4]1909年，红豆生远游钦州，曾作《复杨颦春书》：

3　齐璜口述、张次溪笔录《白石老人自传》，人民美术出版社，1962，第32页。
4　马璧：《齐白石父子轶事·书画》，（台湾）新文丰出版公司，1979，第28页。

前十年之白石老人画
魅岐鸣字余已重秦此京补
题白九四岁吴

寿翁老农

上：齐白石　墨笔双鹅　纵 31 厘米　横 22.5 厘米　无年款　北京画院藏
下：齐白石　西瓜（《小品册页》十开之五）　纵 22 厘米　横 31.5 厘米　无年款　北京画院藏

钦州万里，闻杜宇已伤情，是时四月中矣。忽辱手书，喜极生恨。湘城白石，咫尺天涯，况复迢迢边地也。羡君红粉，嫁得其人；愧我青衫，老犹作客。十年毛发，对镜全衰，孤夜梦魂，还乡无计。未知何日，可是颦君见而怜之也。[5]

原来春姑娘本名杨颦春。算了算时间，两人的暧昧情愫前后持续十年有余，直到春姑娘要嫁人了来信诉以衷肠，红豆生黯然神伤自怨自艾一番——新娘嫁人了，新郎不是我！琼瑶剧才有的内容，倒也在老人家身上真真切切地发生过。红豆生另有颇为缠绵悱恻的《红豆有所寄》一首：

独怜红豆最多情，用意天工处处生。
曾着白衣庵外雨，乍开元武庙边晴。
佳人低唱痴俱绝，故我相思灰未成。
欲寄离愁多采撷，教君复忆旧称名。
（余年少时自号"红豆生"）[6]

提炼这首诗中的关键词：白衣、大雨、寺庙——《白蛇传》一般的凄美爱情。可惜春姑娘徒有一腔深情，红豆生却还有诗和远方，晓风残月伤别离只是必然。

老人家曾经回忆起自己 1902 年北上西安，临行前有一个小姑娘，按红豆生的说法，应该属于他在城里的小迷妹，天资聪颖，

5　郎绍君：《齐白石的世界》，北京时代华文书局，2016，第148页。
6　北京画院编《人生若寄：北京画院藏齐白石手稿日记（上）》，广西美术出版社，2013，第89—90页。

想要跟随他学画，红豆生以需要出门远游为由拒绝了小姑娘的请求。于是这位姑娘给红豆生写信道："俟为白石门生后，方为人妇，恐早嫁有管束，不成一技也。"[7]多大的决心，不穿嫁衣也要跟您搞艺术，可是红豆生还是坚定地拒绝了。小姑娘不明白的一个道理是，要想珍爱生命，远离文艺青年！不信你去问问朱安，问问张幼仪，问问王映霞。红豆生拒就拒了吧，结果动身前还要去和小姑娘话个别，没多久小姑娘就死掉了。十多年后，红豆生想起这段红尘往事，又为小姑娘写了两首诗表达念念不忘之情："最堪思处是停针，一艺无缘泪满襟。放下绣针申一指，凭空不语写伤心。"[8]"一别家山十载余，红鳞空费往来书。伤心未了门生愿，怜汝罗敷未有夫。"[9]王湘绮曾嘲笑自己学生的诗是薛蟠体，却不耽误学生一首接一首地送姑娘。不知道这位红颜薄命的小迷妹是不是就是那位"聚英旅馆"的春姑娘。红豆生回忆这位小姑娘当时只有十三岁，和春姑娘相识于更早的四年前，年龄上、经历上似乎又并不相符。十三岁的姑娘，怎么会给红豆生写出那么思虑"成熟"的信来也值得商榷。不过这都是老人家的回忆录所记，回忆嘛，总会有想忆的不想忆的或者主动往错忆的。不管怎样，乡下的糟糠妻，蓬头垢面家中劈柴喂猪埋锅烧饭，顺便帮辛苦奔波的丈夫拍拍手臂后背，黏上一两抹蚊子血，捡起地上的米饭渣继续相顾无言吃着饭。而城里那披上嫁衣的春姑娘也好，香消玉殒的小迷妹也罢，却是红豆生深藏的朱砂痣与白月光：望一望伤眼，按一按心疼。

7　齐璜口述、张次溪笔录《白石老人自传》，人民美术出版社，1962，第35页。
8　同上。
9　同上。

淡束臙脂咐本也
風味叮濃其
色雅佳不如外戌
丘豆可久遠吴
昌

齐白石　荔枝　纵 100 厘米　横 33.5 厘米　无年款　北京画院藏

1907 年，红豆生远游两广。大清朝还在苟延残喘，招妓狎饮逢场作戏是风月常态。不过红豆生还是很讲究，毕竟是个文艺青年，精神共鸣更重要，对于那些风尘女子保持了应有的学术清高：

> 初十日尚未归北海。此数日移寓宜仙馆，郭五部下有招饮者二次，不及载。此地之娼颇多，绝无可观者。余于旁观其侍客颇殷，不谈歌舞，有欲挟邪者，与语即诺。虽无甚味，有为者想必痛快。[10]

这样的花酒场所，以他的秉性气质，绝对是个招人讨厌的存在。想必一定会有姑娘依偎在大兵哥怀中悄语："那个油盐不进装模作样的家伙是哪儿来的啊？""嗨，我们领导的关系户，会画两笔画的书呆子一个！别理他，咱喝咱的！"当然，红豆生先生有属于自己的浪漫，几十年后老人家还清楚地记得此行邂逅过一位红尘歌女，唇红齿白桃花脸，绿鬓朱颜柳叶眉。红豆生又为她写了一首诗：

> 客里钦州旧梦痴，南门河上雨丝丝。
> 此生再过应无分，纤手教侬剥荔枝。[11]

同是天涯沦落人，此地偏有天涯亭。姑娘纤纤玉指轻剥荔

10　北京画院编《人生若寄：北京画院藏齐白石手稿日记（上）》，广西美术出版社，2013，第 107 页。
11　齐璜口述、张次溪笔录《白石老人自传》，人民美术出版社，1962，第 58 页。

枝的柔媚身姿，看来是在红豆生的脑海里库存了许久。围绕着剥荔枝怎样进行的现场教学不得而知，老人家的回忆里只有一句也许含了点信息量："我捧过她的场，她常常剥了荔枝肉给我吃。"[12]

1931 年，红豆生已经是京华名家，此刻陈春君在湘潭老家独守空房操持家务，胡宝珠在北京家中耳鬓厮磨铺纸磨墨，日子乐陶陶。此间，王瓒绪给红豆生赠送了一个名叫许淑华（即寿华）的婢女，却惹出了一场不小的风波：

> 孙碑估带小婢寿华到平，己旧十一月十八日，阳历十二月廿六日矣。弟在渝来函，孙阳历十三鼓枻东下，弟计程阴历十月内可到平，公然十一月将完才到。小婢现在无大恶，吾以儿女蓄之。无论一甘，与儿女辈分之，食不另席。此不负吾弟与王君之美意。往后如变恶，自去之，觉不客气。行路四十余日，孙自言在济南居有廿余日，到平居四日，始见余。小婢无意失言，到平居有二处。[与老母（猫）搬（猫子）一般，搬至东，恐人（察）觉，又搬至西]。共居八日，孙始将小婢交出，似犹未肯舍也。此事勿使王君知，亦不必与孙碑估言。[13]

红豆生在写给弟子姚石倩的信中言之凿凿：我一定将王将军送我的寿华视如己出当亲闺女一样对待。孙姓商人（名孙止轩）千里迢迢送小婢女，孤男寡女或生私情，何况红豆生此时

---

12 齐璜口述、张次溪笔录《白石老人自传》，人民美术出版社，1962，第58页。
13 北京画院编《人生若寄：北京画院藏齐白石手稿信札及其它》，广西美术出版社，2013，第25页。

齐白石　荔枝　纵 96.5 厘米　横 33.5 厘米　1945 年　北京画院藏

已是古稀之年，这位正值芳龄的姑娘怎肯接受一树梨花压海棠的命运？说好一个月送到，结果生生走了两个月，难道是走反了跑到318线上去涤荡心灵了？！红豆生怎能不有所怀疑。奇怪的是你们私奔就私奔吧，甚至都有同居之嫌了居然半路又送了回来，红豆生不明白这是什么节奏，只能在信中委婉告知自己的诸般猜测，但又不让姚石倩声张出去，名义上以儿女辈对待，其实就是再观察观察。毕竟是王将军的千里美意，出点岔子大家都没面子！

　　未曾想这个寿华很会来事，很短时间内就征服了红豆生一家。"（寿华）甚聪慧。初来时心似稍野（心之不安，人之情也），渐渐与小儿女辈相嬉，心似少定。谚云：声叫声应，从无不教人喜。"[14] 看到这么聪明伶俐的小姑娘，老年红豆生的少年心又萌动了起来，本想安排到身边理纸磨墨培养感情，可是未曾想被横刀夺爱，"为拙而且蠢之贱妾占去侍内室矣"。[15] 身为"拙而蠢之贱妾"的胡宝珠其实也是冤得慌，为你生娃为你累，你还要继续浪个漫，就不给你机会！

　　不过胡宝珠对寿华也确实不怎么样，"拙妾有所责华，菊如无不劝散"。[16] 寿华与齐白石长女菊如相友善，"寿华非姑奶奶（称菊如也）不食，姑奶奶非寿华在室不先睡，朝同食，夜同睡，如影之不离身"。[17] 日久天长，菊如欢喜寿华的懂事加贴心，于是告诉胡宝珠，想将寿华带回湘潭老家嫁给自己儿子，从而成

14　北京画院编《人生若寄：北京画院藏齐白石手稿信札及其它》，广西美术出版社，2013，第36页。
15　同上书，第37页。
16　同上书，第38页。
17　同上书，第38页。

为红豆生的外孙媳妇。胡宝珠当然欣然地立刻允诺，结果寿华听闻后不干了，本来历经艰辛千里迢迢跑到你们北平城，安安稳稳想着将来能混个体面点的北京户口也就罢了。这倒好，不仅重新变回农村户口，还要住到乡下去，小姑娘嘴上不说心里嫌弃："姑奶奶家是耕田，此时南方正收稻穀，红日晒人难堪。"[18]

川妹子于是一不做二不休，跑了！

红豆生很怀念这位敢想敢做的小姑娘。给姚石倩的信中不厌其烦地絮叨着她的各种好：

> 此婢之去，无处不留好情，小姐、少爷与他闹，伊亦小女孩也，从不动气相比，千呼千应，开口快来，上下老小十余人，寿华来将一年，不说是非半句，无半句恶词。吾有病时，背地垂泪，恐吾死。伊无下场，一旦不知被何人挑动，所不量也。此时之寿华之下场，未必有好处。吾书至此，不觉泪潸潸然。[19]

能让红豆生潸然泪下，寿华表演型加讨好型人格的光芒很重要。寿华出走似乎成了他一时的心病，进一步揣测寿华是不是被孙碑估勾引而私奔了：

> 婢去，吾有所猜疑者，或碑估送润金来借山，偶遇小婢应门，有所私约，孙不见吾即返，如是小婢私奔。不然，非

18　北京画院编《人生若寄：北京画院藏齐白石手稿信札及其它》，广西美术出版社，2013，第39页。
19　同上书，第40页。

家中老妈引诱，借山门户甚严，非其人不敢叩其门，若门外无人接引，小婢无伤心痛苦事，何得忽然走去？吾弟窃探定之。或孙碑估在渝有回北平送润金与吾之闲话，婢奔，是孙勾引无疑矣。[20]

红豆生发扬了福尔摩斯的探案精神，根据现场细节生活逻辑细致推理复牌一番，笃定是孙碑估勾引寿华无疑。

不管怎样，人去楼空空悲切，老人家碎碎念还是得继续："寿华既去，余感其借山馆之未焚毁，不可忘。如寿华不自去，余已许放。终是他人之人，即伊不去，余亦不放，却可怜也。"[21]同时又请姚石倩转告王瓒绪，可别再给我送小姑娘了，"吾已知命"。[22] 知啥命？嗨，都是我那"贱妾"惹的祸啊："寿华之去，第三人矣，其过在贱妾也，去第二人时，系贱妾使之然。"[23] 想想当年，"贱妾"身体羸弱，伺候红豆生先生却毫不懈怠，红豆生感动之余，依然"以诗慰之"：

痴拙谁言百不能，相从犹识布衣尊。

分离骨肉余无补，怜惜衰颓汝有恩。

多病倦时劳洗砚，苦吟寒夜惯携灯。

此情待得删除尽，懒字同参最上乘。[24]

20　北京画院编《人生若寄：北京画院藏齐白石手稿信札及其它》，广西美术出版社，2013，第42—43页。

21　同上书，第44—45页。

22　同上书，第45页。

23　同上书，第45页。

24　郎绍君、郭天民主编《齐白石全集》（普及版·第十卷），湖南美术出版社，2017，第21页。

齐白石　荔枝筐　纵 68 厘米　横 34.5 厘米　无年款　北京画院藏

红豆生不惜以家中闺房私事向外人抖落，对于寿华的离去的确是动了肝火。

不管怎么样，年华老去的红豆生，还是为在自己生命中昙花一现的寿华，留下了一首小诗：

> 湘上青山好景光，能言鹦鹉莫思乡。
> 太平桥外槐花下，亲手开笼欲断肠。[25]

这首诗是寿华知晓自己要变成红豆生的外孙媳妇时，向他求画一幅，小姑娘倒是知道老人家身边什么最值钱。结果红豆生没把画画出来，先把题画诗写了出来。本来是个皆大欢喜事，肠子裂个啥？亲情？感情？其实都哪有那么容易！

红豆生以德报怨，为了寿华继续柔肠百转：

> 伊如受人引诱，不落佳境，乃吾无福缺德，悔之无极也。如伊他日或回重庆，倘露踪影，求王运使恕之，千万勿加骂责。如吾弟能得见，且乞吾弟代白吾之感寿华之不能忘。倘他日得寿华一函，以慰八十老翁之愁思，幸矣。[26]

玲珑骰子安红豆，入骨相思知不知。飞卿老人如果读了这封信，也会被感动。

25　北京画院编《人生若寄：北京画院藏齐白石手稿信札及其它》，广西美术出版社，2013，第41页。
26　同上书，第41页。

红豆，又名相思子或相思豆，属于豆科豇豆属植物。富含铁质，可以使人气色红润，可以补血，促进血液循环，强化体力，增强抵抗力。红豆生后来得享高寿，当然离不开这种豆子的补铁气质。

寿华到底去哪儿了？谁都不知道。

不过她的下场，绝不会比在湘潭的炎炎烈日下耕种好到哪里去。

寿华不辞而别的十二年后，红豆生的继室不幸难产过世。在写给姚石倩的信中，八十六岁的红豆生语调无助且凄凉：

> 前三年癸未冬，继室去世，丢闺女三，小儿一（年只六岁），最愁人者，锁钥数百个，上下二十余口之家，吃著（着）故不易，惟有搜换衣，买煤米，开箱觅柜。感泣外，劳倦难堪，加以横寇磨人，合当一死。三思父母遗体，不合轻生。[27]

絮叨自己既当爹又当妈的诸多不易后，老去的红豆生无限惆怅道：

> 吾弟年未六十，犹能续老伴，吾年八十五六（今年八十六）矣，不得再续冤家。[28]

北平城夜阑人静，红豆生孤枕难眠。春姑娘、小迷妹、荔枝女、

27　北京画院编《人生若寄：北京画院藏齐白石手稿信札及其它》，广西美术出版社，2013，第86页。
28　同上书，第86页。

许淑华，一一闪过脑海。想想都是难念的经！也许只有一段空灵的声音，若能穿越时空飘入耳中，才能轻轻抚慰红豆生那无处安放的寂寞心灵：

有时候　有时候

我会相信一切有尽头

相聚离开都有时候

没有什么会永垂不朽

可是我　有时候

宁愿选择留恋不放手

等到风景都看透

也许你会陪我看细水长流

九

别了，1920

1920 年，在家乡刚过完年，出了正月，齐白石从茹家冲家中带着三子齐良琨与长孙齐秉灵，风尘仆仆回到了北京城。京湘往返数千里路程，还未动身，齐白石已身心俱疲，行前作诗道出了无比心酸：

> 不解吞声小阿长，携家北上太仓皇。
> 回头有泪亲还在，咬定莲花是故乡。[1]

动身之前，齐秉灵得知爷爷不是带他去逛北京城而是去上学，各种别扭不高兴，齐白石心疼之余无奈写诗自嘲道：

> 处处有孩儿，朝朝正耍时。
> 此翁真不是，独送汝从师。
> 识字未为非，娘边去复归。
> 须防两行泪，滴破汝红衣。[2]

刚一回京麻烦就来了，没地儿可住了。前一年自己住的法源寺已经没有空房，只好在老友胡鄂公的别墅春雪楼中借住两宿，随后又搬迁到米市胡同四十四号，没料到这里是个公事所，人来人往极不方便，齐白石只好又迁出，到处托朋友打听有没有能出租的房子。不得已又将行李铺盖放置在老朋友郭葆生家

---

1 张次溪：《齐白石的一生》，人民美术出版社，1989，第 126 页。
2 齐白石：《庚申日记并杂作》，载北京画院编《人生若寄：北京画院藏齐白石手稿日记（下）》，广西美术出版社，2013，第 226 页。

中。[3] 最后终于在宣武门内的石镫庵找到落脚地，谁知寺里的和尚喜养鸡犬，又臭又吵，只好迁出搬到象坊桥观音寺，谁知道这个庙香火太好，早晚法事不停歇，齐白石百般无奈，只能再次搬家，最后终于在西四牌楼迤南二道栅栏六号，总算是安顿了下来。[4] 话说老人家为什么找个房子总是围着寺庙转？便宜啊！如同现在的北漂青年，没有住过几次地下室或者五环外搬家七八次，怎么好意思说自己是北漂呢？

一边找住的地儿，一边还得给儿子孙子找老师。托关系终于安排到某友人家所聘某先生处寄宿读书，叔侄二人每月学费、餐费、零花钱总共三十元，这还不算添置衣服购买书本的费用。[5] 齐白石那时候一个扇面才卖两元钱，又得交房租，又得供子孙日常花销，算一算，一个月至少得卖出去一二十张扇面，才能填平各种窟窿。北漂的压力，想来的确亘古不变。

稍稍安定，移孙（秉灵号移孙）不知道是水土不服还是怎样，生病了。头痛加肚痛，齐白石极为疼爱这个长孙，为此夜不能寐，半夜不时起来替小家伙盖被驱寒。小家伙病情好转些许，又得了痢疾，访友寻药折腾数日，移孙的病情终于稳定下来，同时又收到来自湖南的家书，得知一家老小平安，齐白石焦虑的心才稍稍平静一些。[6] 又将存下的八十元汇给了长子以备家用。

1920 年对于齐白石来说是狼狈之旅，对于自己的家乡来说

3　齐白石：《庚申日记并杂作》，载北京画院编《人生若寄：北京画院藏齐白石手稿日记（下）》，广西美术出版社，2013，第 227—228 页。
4　齐白石口述、张次溪笔录《白石老人自述》，广西美术出版社，2014，第 120 页。
5　齐白石：《庚申日记并杂作》，载北京画院编《人生若寄：北京画院藏齐白石手稿日记（下）》，广西美术出版社，2013，第 228 页。
6　齐白石：《庚申日记并杂作》，载北京画院编《人生若寄：北京画院藏齐白石手稿日记（下）》，广西美术出版社，2013，第 229 页。

齐白石　上学图　纵 34.5 厘米　横 25 厘米　无年款　北京画院藏

也是多事之秋。这一年直皖战争爆发。北洋军阀正式决裂，湖南作为南北兵家必争之地，更是兵戎相见的中心。张勋复辟失败之后，段祺瑞实际掌控了北京政府的军事大权，于是派曹锟、吴佩孚等一路南下以武力抗拒南方护国军，担任前敌总指挥的吴佩孚于 1918 年 3 月攻占湖南省会长沙，4 月占领衡阳，段祺瑞却在此时任命寸功未立的张敬尧为湖南督军兼省长。引起吴佩孚不满，湖南本土实力派人物如谭延闿等人又借机拉拢吴佩孚，各种打压掣肘"空降兵"张敬尧，北洋内部与湖南省内矛盾重重。加之张敬尧的治湘政策，与本土实力派多有抵牾，省内要求自治之声愈加高涨。随之湖南掀起驱张运动，吴佩孚撤防，南军北上攻击，张敬尧在各方压力下节节败退。1920 年 6 月，谭延闿率领南军直逼长沙，张敬尧一边誓言与长沙共存亡，一边临阵脱逃，湖南大乱。[7] 齐白石在北京听闻各种或真或假的战事消息忧心忡忡，此时电报不通，家书不到，不知道依旧住在星斗塘的老父老母，会跑到何处去躲避兵匪。余霞峰下的借山馆，是不是也早已经化为灰烬。[8] 虽然北京的局势尚且安稳，齐白石却是度日如年。

晚上睡觉，齐白石恍惚间梦到一个小孩离世，梦中的齐白石极为忧虑，却不知道死的是谁。[9] 惊醒之后齐白石一脸茫然，不知道这是什么样的征兆。不管怎样，生活还得继续。7 月 14 日，作为湖南大乱背后之暗潮的直皖之争，正式在台面上爆发了。

7　邢光辉：《从治湘到祸湘——张敬尧督湘研究》，华中师范大学 2012 年硕士学位论文。

8　齐白石：《庚申日记并杂作》，载北京画院编《人生若寄：北京画院藏齐白石手稿日记（下）》，广西美术出版社，2013，第 231 页。

9　齐白石：《庚申日记并杂作》，载北京画院编《人生若寄：北京画院藏齐白石手稿日记（下）》，广西美术出版社，2013，第 231 页。

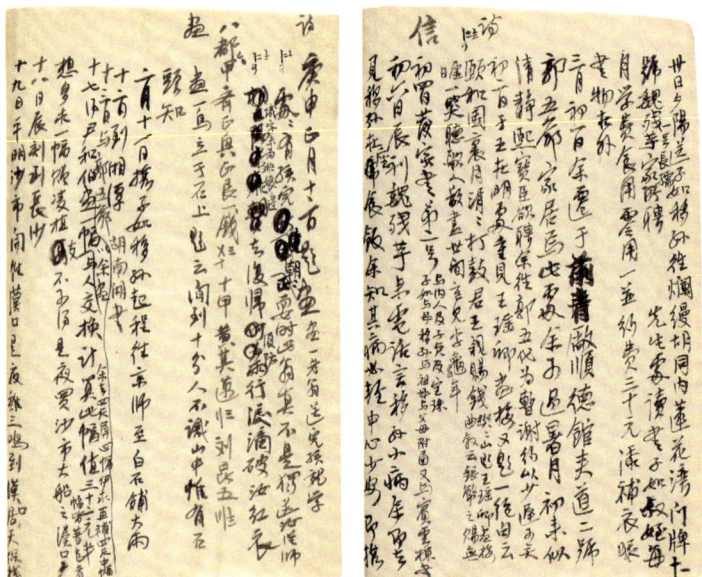

齐白石　庚申日记并杂作　1920 年　北京画院藏

直皖两军在京汉铁路上的涿州、高碑店、琉璃河一带，以及京津铁路全面开战。齐白石为了安全起见，又不得不携子如、移孙暂时迁居老友郭葆生位于帅府园十一号的家中。好歹也是租界，还能受洋人保护。唉，在自己个儿国家的土地上，还得躲到洋人羽翼下求平安。这叫什么事？齐白石心想。辛亥以后中华就不成国了啊，还不如大清朝那会儿。发愁湖南乡下我家人的安危，现在倒好，家人还得忧虑远在北京的我境遇如何！最近这四年兵荒马乱，经历各种危难艰辛，眼泪都快流干了，这苦日子什么时候是个头啊？！齐白石心乱如麻，闲暇写诗：

紫荆山下竹米熟，

（己未余避兵……当食竹米饭。其米坚固，炊成饭，必
须细嚼。）

帅府园间竹叶香。

（庚申，余父子祖孙三人避兵……友人郭憨广家帅府园
为外人保卫界也。）

我感此君同患难，

乱离谁念寄萍堂。[10]

不过好消息是听说郊区某军已经败走，虽然战火离京城不
过数十里，城里却并没有人心惶惶或者抢劫发生。想想这北京
城到底是个福地啊，一点都不像自己的家乡，一遇战乱，兵匪
四起，抢杀劫掠无所不有。齐白石不明白，其实不是北京人天
生淡定好佛系，打从民国元年（1912）起，这京城走了袁大帅，
来了段大帅，走了段大帅，来了张大帅，皮影戏似地演，走马
灯似地换。李三说："改良改良，越改越凉。"松二爷说："现在
想起来，大清国不见得好，可到了民国，我挨了饿。"常四爷说：
"我是爱咱们的国，可是谁爱我呢？"王掌柜说："他妈的！打仗，
打仗！今天打，明天打，老打，打他妈的什么呢？"老舍借《茶
馆》道出了京城老百姓的心声。早就看惯了看倦了看累了，嘿，
得嘞，爱咋咋地吧。

常年在乡下游走的齐白石哪里经历过这些。感叹京城秩序

10　齐白石：《庚申日记并杂作》，载北京画院编《人生若寄：北京画院藏齐白石手稿日记（下）》，
广西美术出版社，2013，第237页。

齐白石　夜读（人物画稿之七）　纵 32 厘米　横 27.5 厘米　1936 年　中央美术学院藏

井然之余，老人家后来还专门刻了一方"故乡无此好天恩"的印章，感念一番。记得几年前看到某篇文章，作者可能也是个湖南人，觉得老人家这样揄京贬湘有点说不过去，默默地给文章起名为"故乡有此好天恩"。老人家当年的坦诚直率，还真是应该让那些总觉得自己家乡是世界中心的同志们好好学一学。

杂事虽然一箩筐，吃饭本事还得继续锤炼。临摹赵之谦的画，齐白石觉得自己之前画画太工整纤细，放笔一涂，又一塌糊涂。齐白石很生气，看来还得加把劲。为什么画个什么都要临摹都要仿前人才行呢？都是眼前物，不相信自己的眼睛偏要相信前人的眼睛，凭什么？太蠢啦！[11] 齐白石慢慢开悟。话说画画真是

11　齐白石：《庚申日记并杂作》，载北京画院编《人生若寄：北京画院藏齐白石手稿日记（下）》，广西美术出版社，2013，第 231 页。

个老天爷赏饭吃的事，我要有老人家百分之一的悟性，当年就不会被石膏像三大面五大调子彻底毁掉自己的绘画生涯。金脸银花卉，要讨饭，画山水。齐白石此间以花鸟篆刻、道释人物还能有些销路。有好事者问齐白石你画的观音为什么这么美丽而庄严？（有谓余画观音大士像，何以美丽而庄严）[12] 齐白石给出了元气淋漓的满分答案："因为菩萨就是我的心啊！"[13] 嗯，自信最美丽！

两个孩子也争气，七月间，齐子如考上了中央政法专门学校，移孙考上了京师第四中学。幸亏那时不流行学区房加北京户口，要不然老人家画扇面画吐血也供不起。某日伶人姚玉芙宴请，席间偶遇梅兰芳，梅兰芳一点没有大明星架子，客气地称呼老人家为齐白石先生。齐白石感动坏了，回家路上即兴作诗继续感动：

> 记得先朝享太平，
> 草衣尊贵动公卿。
> 如今燕市无人问，
> 且喜梅澜呼姓名。[14]

齐白石最烦别人叫他"齐木匠""乡下老农"之类，可惜作为一个无背景无家世无靠山的三无老北漂，混迹于北京的文艺

12　齐白石：《庚申日记并杂作》，载北京画院编《人生若寄：北京画院藏齐白石手稿日记（下）》，广西美术出版社，2013，第235页。
13　齐白石：《庚申日记并杂作》，载北京画院编《人生若寄：北京画院藏齐白石手稿日记（下）》，广西美术出版社，2013，第235页。
14　齐白石：《庚申日记并杂作》，载北京画院编《人生若寄：北京画院藏齐白石手稿日记（下）》，广西美术出版社，2013，第239页。

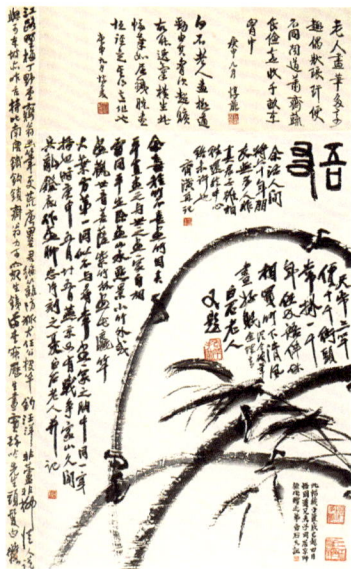

齐白石　吾友图　纵 70.6 厘米　横 53.6 厘米　1920 年　中国美术馆藏

精英圈，受到的白眼冷语不在少数，虽然他自己貌似豁达道："任君无厌千回剥，转觉临风偏体轻"[15]，其实骨子里还是很羡慕有如陈师曾那样的"十分福命十分名，更有先人世不轻。两字槐堂如写上，无穷鉴赏买相争"[16]。恨爹不成钢，只能靠自己。名流们看不起我，看不起我的画，说我野路子野狐禅，无所谓，我也不需要你们认可。[17] 你看人家梅兰芳多大的腕儿，还恭恭敬敬叫我齐先生呢！某次为齐如山所藏梅兰芳书法题写跋语，齐白石再次让自己感动：

15　齐白石口述、张次溪笔录《白石老人自述》，广西美术出版社，2014，第 113 页。
16　北京画院编《人生若寄：北京画院藏齐白石手稿诗稿（下）》，广西美术出版社，2013，第 409 页。
17　齐白石：《庚申日记并杂作》，载北京画院编《人生若寄：北京画院藏齐白石手稿日记（下）》，广西美术出版社，2013，第 240 页。

　　余尝读渔阳先生句云：文人从古善相亲，余以为工于技艺者更有甚焉。独梅郎兰芳不然，闻未学书画时即有此嗜好，且能交游工书善书（画）之流，近来致力此道，日有进境。此幅摹罗癭公书，几欲乱真矣。同宗如山兄得之，如此珍藏且索诸名流题跋，却非好事者。余将意欲倩梅郎再临赠我也。梅郎因如山兄识余后未尝再见，一日姚玉芙娶妇，以书约余喜酌，梅郎先至，余入门。梅郎呼曰齐先生至矣。余于归途戏作句云："记得先朝享太平，草衣尊贵动公卿。如今沦落长安市，幸有梅郎呼姓名。"梅郎知余沦落而不相轻，尚能记得有齐先生，可感也。如山兄索跋，因及之。[18]

　　都是社会人，为了这口食。敏感而自尊的齐白石，知道寄人篱下仰人鼻息的酸楚苦涩，虎落平原被犬欺，幸有梅郎识先生。虽然齐白石也写过无数客套题跋、"彩虹"诗歌，但是这一段，绝对发自肺腑。九月间，梅兰芳又特意请齐如山约齐白石到缀玉轩一聚，齐白石知道梅兰芳此时也在学画，估计是想看看他的画法学习学习。如约而至后，梅兰芳果然笑呵呵地请求齐白石画一张草虫让他观摩，齐白石欣然允诺，挥毫起来，梅兰芳在画案旁一边观看一边帮着理纸研墨。齐白石画毕，梅兰芳唱了一段京戏以作回报。大明星在自己家中给齐白石单独免费唱曲，齐白石却没有多听几段。虽然不懂音律，但当他听到梅兰芳所唱音调越来越悲壮凄凉，不禁想起自己京漂的各种不

18　齐白石：《庚申日记并杂作》，载北京画院编《人生若寄：北京画院藏齐白石手稿日记（下）》，广西美术出版社，2013，第245—246页。

易，内心悲苦顿生，于是颇为失礼地打断了这婉转哀音：梅郎，您还是别唱了吧，再唱就要落泪了！齐白石说罢告辞而去，第二天又回赠了梅兰芳诗一首：

> 京华无怪众相轻，
> 口不能夸儿可憎。
> 不忘梅澜欣理纸，
> 再为磨就墨三升。[19]

骨子里毕竟都是实在人，不端着，不做作，两位文艺"青年"惺惺相惜的场景，体面而敞亮。

十月的北平，秋风乍起，景色最是怡人，齐白石却根本无心欣赏。想到年初来京，白驹过隙转眼一年将逝，市场行情还是没多大起色，两个孩子每月读书花销不菲，湘潭老家上下十余口人还等着自己寄钱买米下炊。旧雨新知虽结交不少，自己却总感觉像是个局外人。年近花甲别人早已含饴弄孙，我却还要劳苦奔波，想到此处齐白石禁不住又幽怨了起来：

> 老萍对菊愧银须，
> 不会求官斗米无。
> 一画京师人不买，
> 先人三代是农夫。[20]

19　齐白石：《庚申日记并杂作》，载北京画院编《人生若寄：北京画院藏齐白石手稿日记（下）》，广西美术出版社，2013，第255页。
20　同上书，第247页。

没办法，进击吧，老年！

虽然从来不愿意出入官宦门第，可是为了生计，齐白石也不得不跑到保定府，为时任直鲁豫巡阅使的虎威将军曹锟作画半个月挣银子。[21] 齐白石一再放低自己早年所设立的人生底线，可是毕竟还是心里别扭，因此有关保定作画的这段经历，齐白石在自己的日记里着墨不多，一笔而过。

恍惚间已到年底，该回家过年了。齐白石直接从保定上京汉线火车到汉口，坐船过江到武昌，本想从武昌乘车回长沙，车主告知长沙战乱，车只能到岳阳。不得已又返回汉口，乘坐小火轮，船行两日到长沙市郊，怕城中兵乱，只能夜宿郊区小客栈。第二日天未亮时即换船行到湘潭。一路舟车劳顿，终于到家了。齐白石心中却没有丝毫返乡的喜悦，反而离家越近忧愁愈浓，他在归途中曾口占一首近乡诗：

> 岳色湘流可断肠，
> 近乡心事更凄怆。
> 世间何地无寒骨，
> 不必余年死故乡。[22]

看到父母身体尚且康健，老妻将借山馆打理得井井有条，齐白石才略略安心一些。转过年来，还未出正月，夏午诒即来信催促齐白石早日动身北上。于是农历正月二十一，齐白石带

21　齐白石：《庚申日记并杂作》，载北京画院编《人生若寄：北京画院藏齐白石手稿日记（下）》，广西美术出版社，2013，第299页。
22　同上书，第252页。

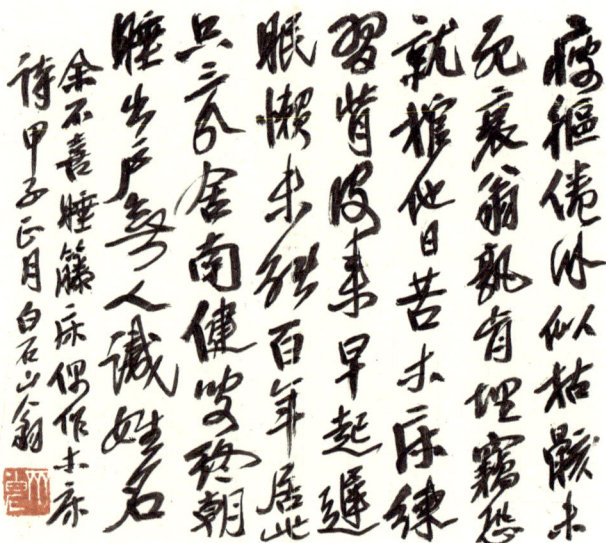

齐白石　行书题画诗之二　纵 31 厘米　横 33 厘米　1924 年　北京画院藏

上长子齐良元（子贞），再次踏上了北漂的征程。

从湘潭县城坐船到长沙，一路"瓦上见雪，寒风如削"，[23] 齐白石受了风寒头疼欲裂，用姜汤服了点藿香丸，才稍微好转一些。正月二十七登上湘江轮船，二月初一到汉口，又转乘平汉铁路，一路颠簸，终于在三月初三回到了北京。[24] 想想 1903 年第一次来帝都游览，1917 年、1919 年、1920 年三年间仓皇北漂卖画，算一算今年已经是第五次来北京了。想过个太平日子怎么就这么难呢？

23　齐白石：《辛西五次北上纪事》，载北京画院编《人生若寄：北京画院藏齐白石手稿日记（下）》，广西美术出版社，2013，第 257 页。
24　齐白石：《辛西五次北上纪事》，载北京画院编《人生若寄：北京画院藏齐白石手稿日记（下）》，广西美术出版社，2013，第 258 页。

所幸京华友朋依旧。齐如山邀请齐白石和子贞观看梅兰芳演出，子贞见到缀玉轩的豪华幽静，以为天堂也不过如此，此行也算见了世面。[25]大儿来京不到一月，就得启程回湘，准备好行李，齐白石带着子如、移孙，来到前门火车站送子贞南归。

京城夜间的丝丝寒气与瑟瑟冷风，让齐白石身心俱凉。灯下提笔书写日记，齐白石想起白日里车站父子惜别场景，不觉潸然泪下，伴着泪水的苦涩笔墨幽幽记道：

> 车未开时，余立于站地，贞儿不时于车窗中视余，余见贞儿面瘦弱削。四千余里，独自南行，如此家山，无能使吾儿同居北京，不觉泣下。余见贞儿于窗中必曰：今日大风，恐感寒。贞儿即退。如是再三，开口便听吾儿之训乃翁不亚三岁小孩，余愈怜之。车行，吾泪潜潜（潸潸），贞儿泪亦如雨。余望车不见方归。[26]

四年后，一位北上求学的小青年，也是在车站和父亲惜别。写了篇小文，名叫《背影》。不一样的车站送别，一样的父爱如山。

农历三月初二，齐白石收到了海上画坛大佬吴昌硕为他代定的润格，得到如日中天的吴昌硕的捧场，齐白石在日记中却表现得异常冷静，甚至平淡，只是提到这份润格是胡南湖转赠的，意在不是主动所求。并将润格录在其后：

25　齐白石：《白石杂作》，载北京画院编《人生若寄：北京画院藏齐白石手稿日记（下）》，广西美术出版社，2013，第269页。

26　齐白石：《白石杂作》，载北京画院编《人生若寄：北京画院藏齐白石手稿日记（下）》，广西美术出版社，2013，第269—270页。

　　齐山人濒生为湘绮高弟子，吟诗多峭拔语。其书画墨韵孤秀磊落，兼善篆刻，得秦汉遗意。曩经樊山评定，而求者踵相接，更觉手挥不暇为，特重订如左：

　　石印每字二元。整张四尺十二元，五尺十八元，六尺廿四元，八尺卅元，过八尺者另议。屏条视整张减半。山水加倍，工致者另议。册页每件六元，纨折扇同。手卷面议。

　　庚申岁暮，吴昌硕年七十七。[27]

　　这是吴昌硕前一年年末所书，不知为何过了三四个月才送到齐白石手中。吴昌硕同年元旦的自订润例，其中刻印每字六元，整张四尺四十二元，五尺五十六元。[28] 几乎都是齐白石的三倍，这就是和大腕的差距呵。同在北京画坛的贺履之润格，折扇八元，册页每方尺三元，整张四尺十二元，六尺十六元，八尺二十四元。[29] 胡佩衡扇面每柄两元，整张四尺十元，六尺二十元。[30] 两相比较，吴昌硕为齐白石所定润格价位，还算公道。

　　有吴昌硕润格加持，齐白石的卖画生涯渐渐有了起色。农历五月间，收到夏午诒邀约，又去保定画了半个月。不跑场子怎么活？这不刚寄人篱下挣点钱到手，二闺女就写信告知人已到了长沙，想学门手艺，请求汇款一百二十元买台机器。[31] 真是

27　齐白石：《白石杂作》，载北京画院编《人生若寄：北京画院藏齐白石手稿日记（下）》，广西美术出版社，2013，第 270—271 页。
28　《神州吉光集》1922 年第 2 期。
29　《绘学杂志》1921 年第 2 期。
30　同上。
31　齐白石：《白石杂作》，载北京画院编《人生若寄：北京画院藏齐白石手稿日记（下）》，广西美术出版社，2013，第 277 页。

到老还得为儿孙做牛马，"儿女之累人，翁将逝不可已也"[32]。那就先汇你十五块吧！[33]

移孙身体又不舒服了，说是喉咙痛。齐白石以为是上火，给孙儿服了些汤水，半夜呼醒问好转与否，移孙回复还是很痛。天一亮齐白石立刻带着孙子奔虎坊桥的官办医院看病。一名庸医只是略略看了看嘴巴喉咙，开了点泻药就打发了爷孙俩儿。结果移孙不仅腹泻不止，反而更加疼痛。不得已又到老友家中求治，其家中有陈姓医生告诉齐白石一个方子，言及移孙病情白天轻晚上重，一定是阴虚所致，如果再腹泻两三次，恐怕就真的回天乏力了，齐白石听后五雷轰顶。恢复镇定后，天色已晚，齐白石让子如送移孙先回家中歇息，自己摸黑上街按方买药，惶恐不安中又给老友郭葆生打了电话，郭听闻药方后告知这个药方绝不可服，同时告诉老人家此病无论有多危重，只要服用养阴清肺汤即可治愈。齐白石稍稍安心了些，郭葆生随后又派人送来一本《白喉治法忌表抉微》，齐白石赶紧翻到养阴清肺汤一节，照单抄下后交给子如上街找药铺买药材，此时已到午夜，药铺早已关门，子如只能硬着头皮一家一家去敲铺门。药材买回后，齐白石急忙亲自煎药给移孙服下。稍后问移孙感觉好些没，小家伙笑而不语。一夜难眠，天未亮，齐白石又赶紧起床煎药让移孙服下。移孙睡醒后居然说自己好多了，要去学校上课。齐白石悬了一夜的心终于放下了。唉，移孙啊，如果等你长大了爷爷不在了，若是看见你生病时爷爷写的日记，一定会感动

32　齐白石：《白石杂作》，载北京画院编《人生若寄：北京画院藏齐白石手稿日记（下）》，广西美术出版社，2013，第280页。

33　齐白石：《白石杂作》，载北京画院编《人生若寄：北京画院藏齐白石手稿日记（下）》，广西美术出版社，2013，第281页。

到涕泪滂沱。[34]

过了几日，齐白石特意带着子如和移孙前往陈半丁处，让他们正式磕头拜陈半丁为师，又请陈半丁到大栅栏小酌一番。[35]陈半丁在北京画坛沉浮多年，人脉深厚，齐白石为儿孙的前途考量，用心可谓良苦。好事成双，好友朱悟园曾经再三告诉齐白石，林琴南一再当面提及他，并称赞齐白石的为人。七月二十八日，齐白石终于见到了传说中这位以桐城派古文翻译无数西方小说名著的大名士了，两人相见甚欢，林琴南主动提及可以为齐白石代订润格，在当时的北京城，林琴南的四王式山水，可是卖得出奇的好。再加上林的名士派头，社会声望也是非常之高。能够得到这样一位北京名流的邀约，齐白石极为高兴，当晚回家后立刻给林琴南回信：

> 今天下如公者无多人，昨得相见，以为平生快事。承自许赐跋润格，今将樊、吴二老为定者呈公观览。惟老樊所定，只言每幅价若干，未分别条幅整纸。老吴所重订册页、纨折扇价过高，璜拟少为变动，另纸书呈。技艺固低，知者不易，居于京华者维（唯）公能决非是，故敢遵命请教之。[36]

与当初收到"老吴"润例时的反应相比，齐白石对于林琴南的态度简直是冰火两重天。齐白石看重的不仅是林琴南在北

34　齐白石：《白石杂作》，载北京画院编《人生若寄：北京画院藏齐白石手稿日记（下）》，广西美术出版社，2013，第283页。

35　齐白石：《白石杂作》，载北京画院编《人生若寄：北京画院藏齐白石手稿日记（下）》，广西美术出版社，2013，第284页。

36　齐白石：《白石杂作》，载北京画院编《人生若寄：北京画院藏齐白石手稿日记（下）》，广西美术出版社，2013，第285—286页。

京城的社会影响力与市场认可度，更在意的是这位名流前辈，居然背着他说他的好话！天下像你这样的人不多了啊——齐白石的真心话！好友方叔章曾告诉齐白石，你在京城画名是高起来了，但是也惹人眼红心嫉，说到你十句话里有三句都是贬损语气。齐白石起初不以为然，心想我就是来你们这儿卖个画糊个口养个家足矣，根本无心与同行争名逐利于京华，这样损我干嘛？我不信！结果某日偶遇陈师曾，陈亲口告诉齐白石，话说琉璃厂开了个俄国人绘画展览会，一起去看热闹的人都说本以为齐白石画得就够荒唐了，没想到俄国人画得更荒唐，快荒唐到天下第一了！这群看客大概看到的是康定斯基一类的作品吧。齐白石听陈师曾所言后默然无语，才明白之前方叔章所说绝非虚词。悠悠众口能堵得了几个，齐白石执拗的倔强性格成全了他："然百年后盖棺，自有公论在人间。此时非是，与余伤也。"[37]

九月，齐白石又同前一年一样，先到保定访夏午诒，又经保定长途跋涉回到了家乡。未曾料刚到家中没安稳歇息一个礼拜，就接到了子如的电报，告知移孙又病了，让他速回北京。齐白石心急如焚，但是天色已晚无法动身。一夜无眠，天微明齐白石勉强吃过早饭立刻启程。祸不单行，走到半路又遇到散兵游勇，强行劫走了一位轿夫，齐白石急忙屏住呼吸，匍匐在草丛之中，躲避了这场飞来横祸：

---

37 齐白石:《壬戌纪事》，载北京画院编《人生若寄：北京画院藏齐白石手稿日记（下）》，广西美术出版社，2013，第332—333页。

此半日肝肠欲断，时卧地上，时起坐松柴中，时长吁，时作哭而无泪，时望掳去之人返，时北望天际。至日夕，始另得一人。轿到茶园铺客栈，又大兵至。余又窃窜出街，绕道宿于皋山。（一日未食，今夜食饭一碗。）将欲睡著（着），忽惊醒，心汤沸。至鸡啼起坐，李君劝食早饭半碗。[38]

从出家门算起，已断断续续舟车狼狈奔走六日，才到汉口。客栈歇息时齐白石得到子如信函，告知移孙病情已见好转，才稍微安心一些。老人家为移孙写诗道：

电机三报阿移病，沿路鸿鳞慰老父。
汉口释疑真未死，开缄一笑不成声。[39]

乘京汉铁路回到北京，进家门见移孙容貌消瘦，齐白石顿时心生怜悯。子如告知是瘟病所致，又遇庸医用错中药，后来换了大夫与药方才舒缓许多。想想归京路上所遭遇的种种艰辛，火车路过安阳时看见一座气势非凡的墓地，打听得知是袁世凯之墓，齐白石想到袁项城昔日在时，黎民百姓也没有遭受如此涂炭，不禁有感而发：

项城北去木森森，
高冢荒凉秋色新。

38　齐白石：《白石杂作》，载北京画院编《人生若寄：北京画院藏齐白石手稿日记（下）》，广西美术出版社，2013，第287—288页。
39　张次溪：《齐白石的一生》，人民美术出版社，1989，第132页。

忆万民灾公去后，

推原祸始是何人。

英雄从古人难用，

成败关天且莫论。

五载关山军不到，

无情草木不知恩。[40]

居京无非书画应酬，恍惚间年末又至，齐白石再次回到家乡度过新年。这次在家待到了农历五月份，才回到了北京。如此奔波往复，老友夏午诒调侃道："吾之怜君年六十矣。四千余里，一岁往返数回，无人怜君。足想见君之眷属必以为老头健也。"[41]

齐白石听罢仰天大笑，笑着笑着，眼睛湿润了起来。

老头健？嗯，老头健！

1921年年末，齐白石回到湘潭家中过年，直到1922年农历五月份才回到了北京。齐白石在回忆录中所述为1922年春天，陈师曾告知他接到日本画家荒木十亩与渡边晨亩的来信，提及东京府工艺馆主办中日联合绘画展览会，希望陈师曾能选择一些中国优秀画家画作赴日参展。陈师曾让齐白石准备几幅，他带往日本参展。"师曾行后，我送春君回到家乡，住了几日，我到长沙，已是四月初夏之时了。"[42]之后即众所周知的故事：陈师

---

40 齐白石：《白石杂作》，载北京画院编《人生若寄：北京画院藏齐白石手稿日记（下）》，广西美术出版社，2013，第290—291页。

41 齐白石：《壬戌纪事》，载北京画院编《人生若寄：北京画院藏齐白石手稿日记（下）》，广西美术出版社，2013，第334页。

42 齐白石口述、张次溪笔录《白石老人自述》，广西美术出版社，2014，第131页。

曾东渡归来，齐白石画作大卖，墙外开花墙内香，随后齐白石的卖画生涯才开始一帆风顺起来。

问题是观齐白石 1921 年《白石杂作》与 1922 年《壬戌纪事》记载，他从前一年年末到 1922 年的五月份，都是在家乡度过，那么如何能于 1922 年的春天还在北京与陈师曾交流并交付画作呢？日记写得很清楚，"壬戌春，余北上，因京汉（铁）路有战事，车不能通行，止于戚人胡石安家"。[43] 很明显，齐白石后来的回忆录是有误的。但是有意思的是，齐白石 1922 年年初在长沙住友人家中，"一日，在石安处失去画一束，不知为何人所得，大小约十幅，内有山水一幅。若卖与他国，有比例可值二百五十元"。[44] 说明至少在 1922 年的五月份之前，齐白石在家乡已经知晓陈师曾日本办展的情况。但是新问题又来了。齐白石回忆录所述，"陈师曾从日本回来，带去的画，统都卖了出去，而且卖价特别丰厚。我的画，每幅就卖了一百元银币，山水画更贵，二尺长的纸，卖到二百五十元银币。这样的善价，在国内是想也不敢想的"。[45] 他的日记所记，丢了十幅画，里面还有一幅山水，按照国外售卖的情况比价，总共才值二百五十元，合计一幅也就十五元。而在回忆录里就变成了一幅一百元，山水更是卖到二百五十元。如果按回忆录的价格算，老人家丢的这十幅画，可至少得是一千一百五十元左右。齐白石 1926 年在北京跨车胡同买的宅院，也就花了两千元。所以，陈师曾具体到底何时和

43　齐白石：《壬戌纪事》，载北京画院编《人生若寄：北京画院藏齐白石手稿日记（下）》，广西美术出版社，2013，第 325 页。

44　齐白石：《壬戌纪事》，载北京画院编《人生若寄：北京画院藏齐白石手稿日记（下）》，广西美术出版社，2013，第 322 页。

45　齐璜口述、张次溪笔录《白石老人自传》，人民美术出版社，1962，第 74 页。

齐白石商议带他的画作赴日参展，赴日参展售卖真实情况如何，齐白石又是何时怎样知晓展卖情况暂且不论，至少齐白石在回忆录中有关 1922 年的这一段回忆，是需要重新"回忆"一番才是。

1922 年五月十五日，齐白石再次回到北京。如果不是收到子如的信函告知移孙的病情又有起伏，医生告知有可能会变成痨病，齐白石可能在长沙还要多待几日。[46] 见到移孙稍有好转，老人家才放下了一颗悬着的心。六月初二，又举家搬迁到三道栅栏十号程姓房屋居住。

返京不到一个月，齐白石为给子如备办婚礼并迎接家眷来京，又一次踏上了返乡的路程。初八到家，诸事收拾妥当，又于当月二十日回到了北京。进入炎炎七月，移孙病情似乎终于大好起来，突然起身说要去上学了。结果没一个礼拜又跑回家中哭闹，说自己感觉病重，要回湘潭家里去歇养。齐白石没有办法，只能于二十三日令子如陪同移孙返乡。移孙在随爷爷北上求学的三年之后，于二十六日终于再次回到了寄萍堂家中。齐白石内心一路牵挂，当他收到那封移孙返乡后报平安的沾着斑斑血迹的信件时，却更加焦虑起来：

> 余已收存信笺，里面有无穷血痕，想是移孙鼻孔流血之痕也。伤心吾移孙，汝性最缓，何以得此病也。是夜欲睡时，不知移孙何似，不胜忧思，不觉大哭。[47]

46　齐白石：《壬戌纪事》，载北京画院编《人生若寄：北京画院藏齐白石手稿日记（下）》，广西美术出版社，2013，第 328 页。

47　齐白石：《壬戌纪事》，载北京画院编《人生若寄：北京画院藏齐白石手稿日记（下）》，广西美术出版社，2013，第 342—343 页。

八月初，齐白石在保定继续为夏午诒作画。得家书知晓移孙再次病重，齐白石立刻回京准备妥当，于二十二日登上了返家的火车，二十六日傍晚到家，见到移孙病情有所缓解，爷孙相拥泪流不止。陪伴不到一个月，"余见移孙之病平稳，心又悬悬于京华，数口之家，日需数金，久无一画出卖"[48]，迫于生计，齐白石又于九月三十日回到了北京。十月十九日到保定，继续寄人篱下的卖画营生。移孙依然是老人家的心病。十月二十九日移孙给齐白石写的信，直到十一月七日才收到。移孙信中告知爷爷自己病情尚且稳定，哪些医生在给看病，所服药材是哪些，事无巨细，一一禀报，也是想让齐白石安心踏实莫要牵挂。谁知造化弄人，实际移孙在给爷爷写了这封信后的第三天，就不幸亡故。而齐白石收到子贞告知移孙病亡的信函，却已是十一月九日：

> 父亲大人膝下敬禀者，男十一月初一日接到大人之信，知悉大人一切。大人念及移孙，移孙本日（十一月初一日也）病身已故。初一早血吐出大多，一直吐到夜晚亥时，吐生血九碗，移孙手战，他连说二声就会死，即时倒在床上，眼泪双流，两大口血就死，并未吩咐一句话，正吐血时，男眼不见忍，稍背开，移孙连叫二声："爷爷，你在面前也，不要紧。"男当时昏倒在地。初二日申时入棺收理。[49]

48　齐白石：《壬戌纪事》，载北京画院编《人生若寄：北京画院藏齐白石手稿日记（下）》，广西美术出版社，2013，第350页。

49　齐白石：《壬戌纪事》，载北京画院编《人生若寄：北京画院藏齐白石手稿日记（下）》，广西美术出版社，2013，第355—356页。

齐白石读罢伤心欲绝，急切地呼叫子如前来，"我移孙死矣"！[50] 子如听闻大哭，齐白石仰天悲鸣数声，却没有一滴眼泪留下，不一会儿昏睡了过去。脑中昏昏沉沉，直到第二天，伤心的泪水，才顺着眼角止不住地流了下来，齐白石号啕大哭。北京冬日的彻骨寒风，不停地从屋外呼啸而过，如同低声呜咽啜泣一般。无情的北风，似乎也读懂了这渗入骨髓的人间悲凉！

移孙十岁的时候，常常跟随爷爷在寄萍堂外种树栽花乐此不疲。小小年纪却勤快异常，齐白石看到移孙，常常会想起自己小时候。齐白石在屋前屋后种了很多梨树，移孙忙前忙后陪着爷爷挖土浇水，汗珠顺着小家伙红润的脸颊鼻尖不停留下。如今却物是人非，阴阳两隔，青灯无言对梨花。齐白石心内成灰，为自己的长孙，作了一首寄托绵绵哀愁的悼诗：

> 远梦回家雨里春，土墙茅屋霭云红。
>
> 梨花若是多情神，应忆相随种树人。[51]

如果时光能够倒转，不知道齐白石还愿不愿意再次回到1920 年的春天，回到自己带着移孙一起坐在那北去的火车中，慈祥地看着孩子趴在车窗上兴奋地看着窗外风景时的样子。

---

50 齐白石：《壬戌纪事》，载北京画院编《人生若寄：北京画院藏齐白石手稿日记（下）》，广西美术出版社，2013，第356页。

51 张次溪：《齐白石的一生》，人民美术出版社，1989，第136页。

此中有真意 欲辨已忘言

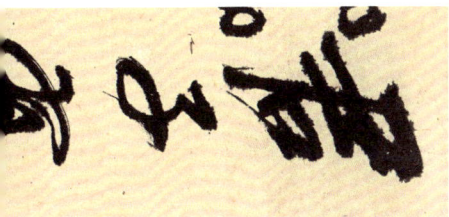

十 生意经

齐白石身逢晚清、北洋、民国、抗战四段乱世，无权无位无靠山，全靠秃笔一支求平安。能带给他安全感的，自然只有孔方兄。齐良迟回忆齐白石藏钱细节，颇能看出老人家谨小慎微的性格：

我父亲一辈子挣的钱不少，他把钱分别存入几个银行。那时候觉得外国银行比中国银行保险，因此就托沙紫垣把最大的一笔钱存在美国人办的银行里。这家银行时在东交民巷，沙紫垣是那儿的华人襄理。没想到这一次让父亲吃了大亏，银行倒闭了，银行老板携家人和财产跑了，致使这笔钱连本带利全部赔了进去。我父亲当时非常痛心。几天都没画画，一笔一笔作画挣来的钱不容易呵，后来他说："唉，不再想这个事情了，我再画，再挣钱回来。"于是，他又开笔作画，并且再也没有听他说起这件事。

父亲存在国内银行的钱款，比如西郊民巷的中国银行，西长安街的聚兴诚银行和城南的平易银号（又叫平易钱庄）等。那里的存款倒都安然无恙。

父亲为安置这些存折子、存单费了不少脑筋。有一次，他把放钱的地方告诉了我：他有一个日本"味の素"铁盒子，长方形的，他把这些存折都放在这个盒子里。这个盒子不放在他的屋里，（放在）后西院原来的厕所外面，有一堆大大小小的砖头，他取出其中的一块，从中间一劈两半，然后，在每半块砖的中心掏一个洞，大小正好能嵌进半个"味の素"的盒子，这样把两个半砖再合上，铁盒子就严严实实地嵌在里面了。这块特殊的砖头，仍然放在砖头堆里面，可你一点儿也看不出来。另外，他在北院西屋住的时候，在西屋靠窗户外面的地底下，埋了金子。他跟我说，他自己这个年纪了，恐怕有个意外。这件非常机密的事情，他告诉我。虽然那时候我年纪尚轻，但父亲跟我说的事儿，却非常挂心，并且自然而然地承担起保护这些东西的责任。但后来那砖里的存折和地下的金子，也不知什么时候又让我父亲给移到什么地方去。[1]

无法想象深更半夜月黑风高之时，老人家在家中厕所旁边专心"搬砖"，或在院内蹑手蹑脚埋金条的场景。即便到了新中国，已然德艺双馨的齐白石，如此性情似乎也并没有多少改变，黄永玉的一段生动回忆读来极有趣味：

> 第一次拜见白石老人是可染先生带去的。老人见到生客，照例亲自开了柜门的锁，取出两碟待客的点心。一碟月饼，一碟带壳的花生。路上，可染已关照过我，老人将有两碟这样的东西端出来……都是坏了的，吃不得！
>
> 记得起的一次是他的一位女护士跑得不知所踪（终），令他十分伤心而焦急……一次是因湘潭故乡来了一位七十多岁、无理取闹、在地上大哭大叫要钱要东西的儿子，他来找学生李可染帮忙解决困难。这一次在底衣里全身披挂着用布条缝上的小金块，托可染先生暂时帮他收存，以免那个"调皮的儿子"拿走。[2]

1　齐良迟口述《父亲齐白石和我的艺术生涯》，海潮出版社，1993，第6—7页。
2　黄永玉：《比我老的老头》，作家出版社，2008，第52—55页。

　　齐白石对金钱的看重，并非生来如此。至少在无奈北漂之前，齐白石还是以清高淡泊的文艺青年形象傲立于世。1903 年，老人家以家庭教师的身份随友人加赞助人夏午诒到北京一游，其间有人想求齐白石画作，但是听说他太傲娇，"非有旧交情，万金不可易一画"[3]，只好知难而退。齐白石甚至做出过令人发指的不近人情举动："某大宦欲求余画，预问其价，辞之。不可高其价应之。"[4] 换成现在的某些画家，若是有"大宦求画"，可不得鞍前马后打三折批发出售才对得起自己的"原则"。"有宋某者以十金索余工笔中幅，余辞之。又以四金索一美人条幅，余亦辞去。余为夏大知我偕来，重金轻情，非君子也。"[5] 看着都替他着急。即便偶尔看个少儿不宜的爱情动作画，齐白石居然还能做出相当文艺而学术的评价："筠广出《秘戏图》与观，用情用笔皆细精入妙，此种生平所见，此为最者。"[6] 这是多么无药可救的文艺青年才能具备的过硬素质！

　　如果齐白石身处承平时代，如此心性持续下去，百年后也许不过会成为地方志里的名人条目之一而已。但是身逢乱世，对他来说既是不幸也是幸事。正是身处乱世，反而使齐白石生前"海国都知老画家"身后得以名垂青史永流传。[7] 愤怒出诗人，

3　齐白石：《癸卯日记》，载北京画院编《人生若寄：北京画院藏齐白石手稿日记（上）》，广西美术出版社，2013，第 63 页。

4　齐白石：《癸卯日记》，载北京画院编《人生若寄：北京画院藏齐白石手稿日记（上）》，广西美术出版社，2013，第 61—62 页。

5　齐白石：《癸卯日记》，载北京画院编《人生若寄：北京画院藏齐白石手稿日记（上）》，广西美术出版社，2013，第 72 页。

6　齐白石：《癸卯日记》，载北京画院编《人生若寄：北京画院藏齐白石手稿日记（上）》，广西美术出版社，2013，第 68 页。

7　齐白石北漂的前因后果，参看张涛：《草头露与陌上花——齐白石北漂三部曲》，广西美术出版社，2018，第 17—70 页。

中外官长要买白石之画者用代表人可矣不必亲驾到门清来官不入民家官入民家主人不利谨此告知恕不接见

庚辰正月八十老人白石拜白

齐白石　启事　纵 117.5 厘米　横 38 厘米　1940 年　北京画院藏

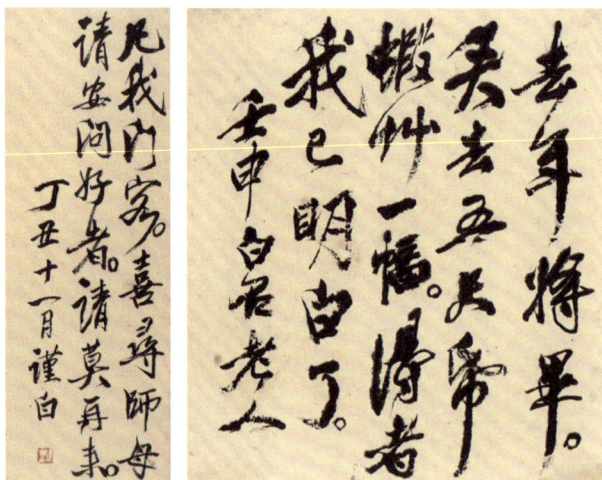

齐白石　便条　辽宁省博物馆藏

乱世出画家。年少轻狂时总想掐住命运的喉咙拖在地板上反复摩擦，年过而立其实就会慢慢明白，天下万般事，冥冥中早已天注定。别和自己拧巴，别跟自己较劲，才会活得道法自然寿命长久。齐白石悟性不要太好，从文艺青年向商业青年转向更是无缝衔接。

辽宁省博物馆藏齐白石所写便条一张，上书："凡我门客，喜寻师母请安问好者，请莫再来。丁丑十一月谨白。"猛一看，齐白石这一句没头没脑，莫非是门下弟子多有孟浪的不良之辈，骚扰得老人家不堪烦忧怒发冲冠所书？这条启事写于1937年，所谓"师母"即胡宝珠，时年三十五岁，五个孩子的母亲，论长相气质只能说是大众化普通人，绝非多么惊艳。喜寻师母请安的门客到底是什么居心？结合齐白石大体写于20世纪三四十年代的一些便笺条综合考察，也许会发现其中玄机所在。

1932 年，齐白石在家中贴上这么一条："去年将毕，失去五尺纸虾草一幅，得者我已明白了。"如果不是家贼，则必然也是能随意进出跨车胡同齐宅的亲近门客。当然也有可能是老人家发挥了欲擒故纵的古老智慧，不一定知道是谁所为，或者大体锁定了几位嫌疑人，但是由于难以人赃并获精准打击，只能用一句"我已明白了"来让顺手牵羊者心有戚戚收手罢了。

另有一条启事，齐白石落款"九九翁"，推算大体为 1941 年左右所书。齐白石在启事条中非常坚定地宣扬：

> 凡藏白石之画多者，再来不画，或加价，送礼物者，不答。介绍者，不酬谢。已出门之画，回头补虫不应。已出门之画，回头加印加题不应。不改画。不照像（凡照像者，多有假白石名在外国展卖假画）。厂肆只顾主顾，为我减价定画，不应。九九翁坚白。

所谓"藏白石之画多者"，其中囤积居奇牟取利润的厂肆中介或二道贩子，应该远远多于真正仰慕他妙手丹青的。登门求画而心思不纯者如过江之鲫，以不画草虫或者不加长题印款的价格定件，等老人家画完了拿到手了，再回头说大师啊请帮我加点这吧帮我添点那吧，为占个便宜也是费尽心机。而一张合影更是能行骗国际江湖，齐白石对于这些"社会人"套路烦不胜烦。甚至有某日本人，虽有光鲜官方身份，却也想尽办法骗齐白石与他合影，然后以很低廉的价格在北平购买一批齐白石的假画，回国后大肆宣传自己与齐白石怎样亲密熟络，然后把在北平所收的假画，又以高价销售出去，据说很是发了一笔大

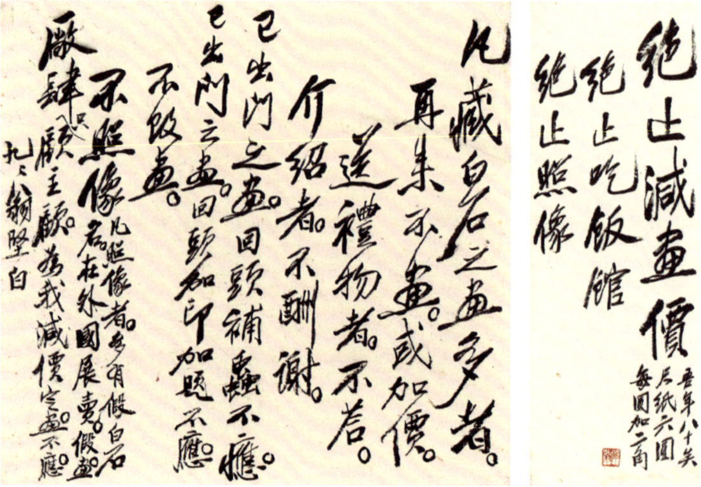

齐白石　启事　辽宁省博物馆藏

财。[8]齐白石也不得不将"绝止减画价，绝止吃饭馆，绝止照像"的便条一贴再贴，防微杜渐。

以齐白石这些极显性情的便条，可见老人家虽然"海国都知老画家"，却也伴随着各种幸福的烦恼。再回看那个"凡我门客，喜寻师母请安问好者，请莫再来"的便条，也就能够体会到齐白石不厌其烦的良苦用心：喜欢向师母嘘寒问暖的那些门生弟子，并非越过道德底线的轻佻无良，实际无非是想通过讨好师母，能让枕头风吹得老人家的草虫虾蟹到手而已。防火防盗防门生，老人家真心不容易。

当然，这是德艺双馨赢家通吃后的齐白石，自然有底气随手写个便条都是向买家提一堆要求的大咖口气，遥想北漂初年

8　张次溪：《齐白石的一生》，人民美术出版社，1989，第163页。

卖画不论交朋情。君子有耻请照润格出。钱。庚午秋有其白

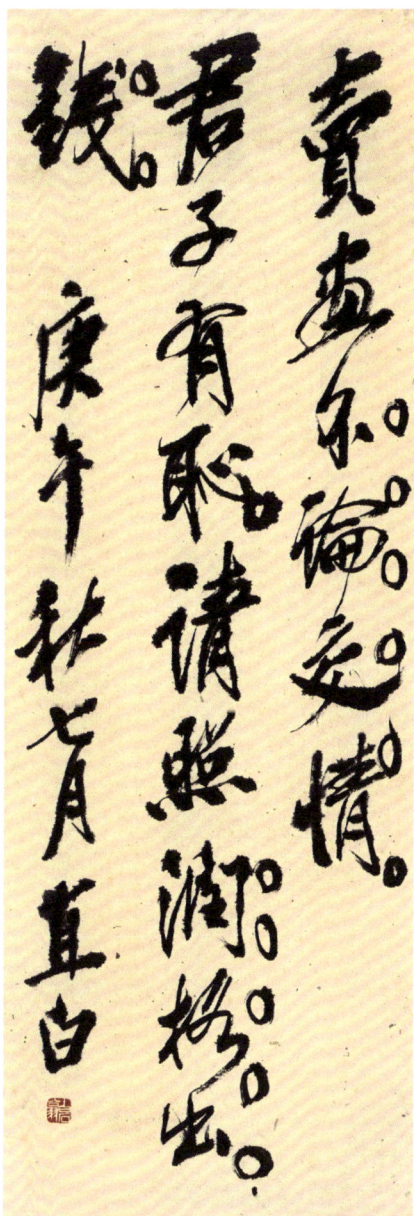

齐白石　庚午直白　纵 72 厘米　横 25 厘米　1930 年　北京画院藏

的无数艰辛，又能与谁倾诉？！老人家毕竟还是凭本事闯江湖，后来的光鲜也是一肚子委屈换来。其实即便是那些无甚本事却喜耀武扬威的显赫人物，当年何尝不是付出了把自己放低到尘埃里，把马儿臀部舔出包浆的无限辛劳？基于同情之理解是必须的。不喜欢包浆？活该受穷苦！

20 世纪 20 年代初，齐白石在北京尚未站稳脚跟，湘潭乡下一大家子人嗷嗷待哺，自己还得衰年变法独创一格，京城依旧是讲究出身、门第、背景的势利眼格局，硬着头皮周旋于这些掌握话语权的文艺精英圈分点汤水儿更是必不可少。无名无财无家世无背景，内心还有点清高的老北漂，想想就绝望！

老人家的生活焦虑可想而知。在写给居于四川的弟子姚石倩的信中，齐白石极为谦卑地恳请他为自己开拓西南市场：

> 承弟关切询及老萍近居，感甚感甚。四川如有知雅趣者，有所请余，当尽心力以报之。士为知己死，老萍何必只死于北京一处数人之手耳，余已计定，年年冬初还湘，春初来京。今年画笔又一变，愈荒唐愈无人知，万一有一知者真肯出钱，一难得事也。[9]

能让老人家郁愤说出"老萍何必只死于北京一处数人之手耳"，居京城，果然大不易。姚石倩为齐白石在西南市场的开拓的确尽心尽力，齐白石对于这么能干的一位弟子，夸赞起来毫不嘴软："石倩吾贤鉴……吾贤篆刻已大成矣，何聪明如此，欲

9　北京画院编《人生若寄：北京画院藏齐白石手稿信札及其它》，广西美术出版社，2013，第 17 页。

起余耶。"[10] 信中问候起石倩我的贤弟啊，你的篆刻已经快出师啦，你咋就这么聪明呢？手艺都快超过愚兄啦！你真棒！赞美的火力继续加持："吾贤去岁寄来是山水册页否？……画笔淡雅，心细入发。吾贤别未十年，忽有如此本事，是从何处拾取得来，不胜感佩而且畏耳。……吾贤之书画篆刻可谓三绝。"[11] 你进步太快，全面开花，搞得愚兄都怕了呀。工欲善其事必先利其器，齐白石甚至极为温暖贴心地为弟子送上画材，鼓励其继续进步："赠上帐额一幅，毛笔四枝乃戴月轩所制，如合用，不妨告我，可再寄来。又颜色一包共八小包，颜色重，连瓶带一层包纸十一两五钱，真西洋红一瓶，瓶在外，西洋红足一两。吾弟当不数月便尽于纸上，当再寄也。"[12] 不够再要，哥有的是！

当然，正经事也得给"贤弟"交代："既田君（田伯施）爱吾画，有知己之感。有吾贤介绍，雅意可嘉，随润加一可以取消。"[13] 老人家虽然卖画有规矩，但是规矩也有弹性。姚石倩不仅得帮齐白石卖画，甚至还得帮忙购买日用品："余有所需者，大白色丝袜二双，能有四双更好（粗细者二双，中丝者二双，细丝不要），市面未有购者，请往织袜厂定作。袜之大，照依普通最大者，再加大十分之四，遮可以著（着）。"[14] 当爹的小心思，哪管儿女辈的时尚经，此处只能会心一笑！

因为在军界供职的缘故，姚石倩为齐白石介绍到了他四川

10 北京画院编《人生若寄：北京画院藏齐白石手稿信札及其它》，广西美术出版社，2013，第18页。
11 同上书，第20—23页。
12 同上书，第72页。
13 同上书，第21页。
14 同上书，第28—29页。

的最牛主顾——王缵绪。[15] 身为四川盐运使的王缵绪出手果然阔绰，相识不久即特意千里迢迢给齐白石免费赠送小婢女寿华，虽然这个小姑娘最后让老人家伤心不已，但是和王缵绪的友谊，则日显炙热。齐白石告诉姚石倩："治园运使赠棉被，收到即用，真奇温也。"[16] 你帮忙代王长官送我的棉被收到啦，不仅收到啦，还收到即用啦，不仅收到即用啦，还真是有奇了怪的暖洋洋啦！嗯，北平城里做棉被的，都可以关门歇业了。

王缵绪随后邀请齐白石能否入川一游，齐白石非常动心，可惜不是战事就是家事，屡屡难以成行。"白石欲来渝，与王君相约不下数十次，游兴虽高，因大儿不来平为翁看守借山馆（借山小儿女五六人，无人照顾，吾不能行）。"[17] 不是我不想去，是我那乡下儿子不来看家我走不开啊王运使，你看我都给儿子写信"一约再约，再约再约再约"[18] 了也没用，搞得我"今尚对王君自觉惭愧，犹想来渝"[19]。小子们虽然不懂事，但不妨碍为小子们求王运使给找工作："吾有女子之子，年将三十，曾入清乡团，为副兵，匪欲图报，昨来平，想得枝栖，未遂，又不能回家。吾弟良友不少，有能安置之处否？每月二十元、三十元之事不拘。以此不情之事，邀嫌于弟，万一不可得，无妨。吾不愿与王君函，使人作厌看待。"为外孙求完又为闺女求："吾之长女菊如，去年五月来燕省亲，未越两月，丧夫死子殇孙，八月又丧夫兄，

15　张玉丹、刘振宇：《四川博物院藏齐白石作品初探——兼论 1936 年的齐白石与王缵绪》，载北京画院编《齐白石研究》第一辑，广西美术出版社，2013。
16　北京画院编《人生若寄：北京画院藏齐白石手稿信札及其它》，广西美术出版社，2013，第 31 页。
17　同上书，第 74 页。
18　同上书，第 74 页。
19　同上书，第 74 页。

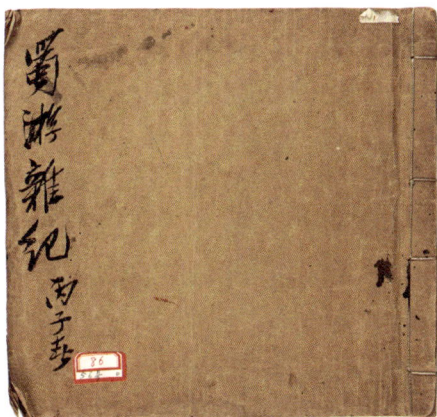

齐白石 《蜀游杂记》封面 1936 年 北京画院藏

是冬又被匪害其长子，即求弟代王运使赐枝栖者。"[20]

　　齐白石知分寸，虽然"绝止减画价"，但是对于王瓒绪，老人家慷慨起来可是不一般："近日画得四尺山水中堂二幅，白喜甚奇特。其妙处，在北京之皮毛山水家深诽之。不合时宜，不丑即佳。拟再画二幅（合成四幅，殊属可观），合为四大屏（吾生平未画过四尺中幅四幅为屏），寄赠王君，人情不止半纸耳。"[21] "昨由北平寄上四尺整纸中堂幅十又二幅（七月十九日寄行），此聊报王将军一赐千金、磨墨小婢二事，此画乃暂赠，将来更画工致草虫四幅（工虫已画成二幅矣），人物四幅继赠，以报王君高谊。"[22]老人家一个劲儿地给王瓒绪免费赠送自己在北京画界从来就不受待见的山水画作，可谓一箭双雕：一为丹青酬谢

20　北京画院编《人生若寄：北京画院藏齐白石手稿信札及其它》，广西美术出版社，2013，第24—25页、第38页。

21　同上书，第37页。

22　同上书，第53页。

王瓒绪的各种帮助，大家都是体面人；二是王瓒绪位高权重钱多多，齐白石想着走上层路线，只要能让王瓒绪及其身边附庸风雅者认可他的山水画作，这不又在西南打开新的市场了吗？人情场面要做就做足，齐白石生怕这十二条幅山水邮寄过程中有所闪失，甚至还动用了点小关系与小心机："吾因寄画屡有所失落，故寄王君画十二幅，借北平邮局调查员唐泽橘之姓名寄行。"[23]王瓒绪也是来而不往非礼也，虽然屡屡免费收到白石画作，但也常常孔方兄加倍奉赠。齐白石不得不"义愤填膺"地告诉姚石倩："请与王君谈语时，代璜一言。此后如赠王君画，王君如再赠钱，璜如数汇还。切切。"[24]你要还把我当朋友，安心收了我的大作就好，再给钱我可生气了——齐白石言之凿凿。物质报答不断，精神关怀也得跟上，一段时间不见王瓒绪音讯，齐白石立刻嘘寒问暖望穿秋水：

> 石倩仁弟：请将运使近况告我。久未通问，余之于重庆之朋友，甚悬悬也。治园运使检阅军队，已归来否？近况如何？（伊与余函后，因家人都病，故未即答，乞弟代为言及。）弟如能知，聊以告我为望。[25]

王瓒绪邀约齐白石入川，也是诚心备至。按齐白石的说法："承弟殷殷然劝吾早行之函，约五十件矣，如终不临渝，不独无

23 北京画院编《人生若寄：北京画院藏齐白石手稿信札及其它》，广西美术出版社，2013，第 54 页。
24 同上书，第 54 页。
25 同上书，第 56 页。

以对王君,而且无以对我石倩弟也。"[26] 齐白石一边收着王瓒绪前前后后送的数千元礼金,一边信誓旦旦地告诉姚石倩:"弟函称王君赠金若干云云,璜非为铜山始游蜀耳。吾未出门,王君早已厚赠将二千元矣,吾应相见长揖谢之,非言定聘金方打被包也。"[27] 齐白石后续再次在信函中申明,我可真不是为了孔方兄啊,只要我还能喘口气,就一定要见到我那神交已久慷慨解囊热爱艺术的王将军才是:

> 七月十五日发来之航空函,所言数千元之目的云云,吾意非也。来蜀不久流连为快,不在金钱,在王君之爱书画金石之诚,即可钦佩……不在此数千元,愿一见王将军,吾为不食言之人幸矣。一息犹存,待机后会。[28]

王瓒绪毕竟是见过大世面的,不管齐白石怎样对他表达爱君不爱财的赤子之心,他还是很贴心地在齐白石尚未确定行期的时候,又送来了四百元路费。[29] 齐白石北平动身时是先乘火车至汉口,然后乘船入川。"又三月初七日(四月廿七日也),巳时上快车。初八日亥刻时到汉口,宿铁路饭店。初九日戌时上太古公司万通火轮船,亥时由汉口开往川河……十六日未刻到重庆。"[30] 平汉铁路 20 世纪 30 年代由北平到汉口,三等座二十

---

26 北京画院编《人生若寄:北京画院藏齐白石手稿信札及其它》,广西美术出版社,2013,第 50 页。
27 同上书,第 50—51 页。
28 同上书,第 52 页。
29 同上书,第 75 页。
30 同上书,第 364—366 页。

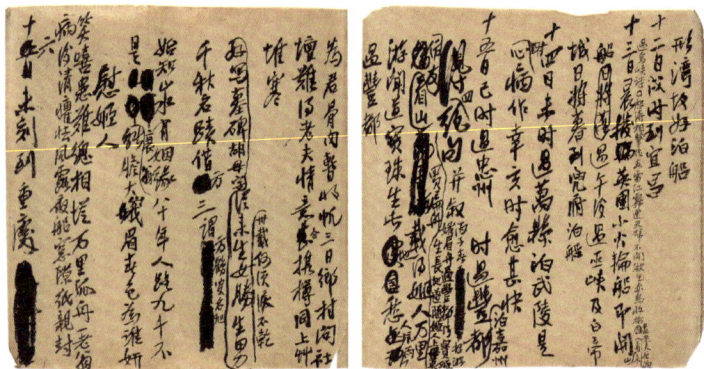

左：齐白石 《蜀游杂纪》第一页 纵 21 厘米 横 23 厘米 1936 年 北京画院藏
右：齐白石 《蜀游杂纪》第二页 纵 21 厘米 横 23 厘米 1936 年 北京画院藏

元左右。头等座为六十元左右。[31] 轮船由汉口到四川的房舱，比照汉口到上海的价格，大体为二十四元，官舱为三十六元。[32] 即便齐白石一路都是头等舱加官舱的 VIP 套餐游，王缵绪给的这笔路费，也足够他从北平到重庆往返跑两趟了。王缵绪出手阔绰可见一斑。

自 1931 年邀请齐白石入川，冬去春来几度秋，王运使已变成了王将军，1936 年 4 月，齐白石入川事宜终于成行。此行往返估计得数月之久，齐白石在走之前特意用薄薄的黄裱纸写好年月，盖上印章，做成封条，涂抹上浆糊，贴在他作为画室的家中三间北房的门窗之上，以防自己走后画室失窃。[33] 只能说一个摩羯座男人的身体里装着处女座的灵魂。不管怎样，封好房门，

---

31 《平汉铁路行车时刻并票价表》，《交通杂志》1932 年第 1 卷第 1 期。
32 《公布：民生实业公司民族轮船票价表：上下水一律（民国廿三年五月十五日起实行）》，《新世界》1934 年第 46 期。
33 齐良迟口述《父亲齐白石和我的艺术生涯》，海潮出版社，1993，第 19 页。

齐白石开开心心地出发了。

这对神交之友，历时四年终于见了面。齐白石于九月份回到北平，在四川前后盘桓四月有余。此间访友作画应酬不赘述，总之白石很忙碌。[34] 可是回到北平之后，蹊跷的事情发生了。

白石不高兴，后果很严重。

回平大约两个星期后，齐白石给姚石倩回信，一改往日嘘寒问暖曲折百转的客套口气：

> 此次予之出成都，大有容人之失信食言。倘执吾弟代王瓒绪许赠三千元之函说话，瓒绪难骗人三千元，吾弟从中难矣。吾爱吾弟，故一掷三千金，足见君子与小人也。[35]

很明了，你王瓒绪当初邀请我入川，信里说得明明白白答应给我三千元酬金，结果说话不算数。齐白石《蜀游杂纪》曾记："八月廿四日（阳历），□□以四百元。谢予半年之光阴，曾许赠之三千元不与，可谓不成君子矣。"[36] 来时四百，去时四百，是，倒是够我自己个儿来回你们四川跑四趟了，难道我是没事干真来找诗和远方的吗？大哥咱说好的可是三千元啊！三千元是个什么概念？齐白石 1926 年在北京跨车胡同 15 号买下的院子，也就花了两千元。如果四川走一趟还能再买一个半院子。民初

34　齐白石《蜀游杂纪》，载北京画院编《人生若寄：北京画院藏齐白石手稿日记（下）》，广西美术出版社，2013，第 363—376 页。曾德宏：《齐白石蜀游的来龙去脉及其影响》，《中国书法》2017 年第 3 期。

35　北京画院编《人生若寄：北京画院藏齐白石手稿信札及其它》，广西美术出版社，2013，第 80 页。

36　齐白石：《蜀游杂纪》，载北京画院编《人生若寄：北京画院藏齐白石手稿日记（下）》，广西美术出版社，2013，第 372—373 页。

日常生活费用低廉，1929 年，燕京大学的社会学家李景汉研究了北平日常家庭的消费水平，指出北平四口之家年收入四百元，即能达到最顶级的"任意奢侈的生活程度"。[37] 三千元可是能让自己至少过上七八年好日子呵。齐白石的失望可想而知。您这是几个意思？！老人家出离愤怒了，随后将日记中凡是出现王瓒绪的名号处均一一涂抹，憎恨至极，就差将之前的王将军、王运使在自己的笔下挫骨扬灰再加涂改液抹白了。

既然如此，对于蜀地也没有什么好留恋的，亲兄弟明算账，齐白石甚至毫不客气地向姚石倩讨要起他人所欠的款项来：

> 再者，璜将出成都时，李鸣九自言可以代璜买银耳，能价廉物美。璜当交六十元，请代买二斤，并请代寄旧京，伊言寄到必在璜归之先。今已越月余，不见寄到，早已函催，亦未答复，想与狼狈辈无干也，不知是何变化。伊隔尊处不远，住少城三道街五十五号，请弟亲往询问，催其寄来。若伊有支吾语，请弟立索六十元还交弟手。[38]

想想姚石倩收到信后该有多头疼，老人家您怎么连人家家庭住址门牌号都记得那么清楚？！齐白石可不管这些，在随后荣宝斋的买卖账簿上特意记道：

> 补损失，寄成都二尺二件，四尺二件，王瓒绪收到隐瞒，

37　李景汉：《北平最低限度的生活程度的讨论》，《工商半月刊》1929 年第 16 期。
38　北京画院编《人生若寄：北京画院藏齐白石手稿信札及其它》，广西美术出版社，2013，第 81 页。

已现实实情。事勿论，今补还荣宝，已免事。[39]

当初山水十二条屏免费送，现在四件小画怀疑人家会私吞。当初入川之前信函往来人家至少送了大几千外加一个大活人，现在计较少给两千六。怎样想逻辑都不通。论述到此，有必要介绍一下这位惹得齐白石大动肝火，甚至在自己日记里将其涂抹成"无名氏"的履历：

王缵绪（1886—1960）

字治易、屋园居士，四川西充人。生于1886年10月23日（清光绪十二年九月二十六）。毕业于四川顺庆府中学、四川弁目学堂及四川陆军速成学堂炮科，保定陆军军官学校肄业。曾任新军第十七镇见习排长、连长、营长，参加辛亥革命和四川保路同志军。后升任团长、旅长，并曾兼任成都市政府督办、四川永宁道尹。1924年9月被北京政府任将军府徽威将军。1925年任杨森部第一师师长兼第一路总指挥，后投刘湘。1926年11月27日刘湘部改编为国民革命军第二十一军，王任第四师师长。1927年5月10日被武汉国民政府任为第五师师长。1928年9月3日，刘湘宣布川军第二十一军缩编为三个师，任第二师师长。1931年5月4日任财政部四川盐运使。1932年参加四川"二刘"战争，任刘湘部北路总指挥。1934年任四川"剿匪军"第五路第二师师长，率部参加追堵长征红军。1935年6月任第六路"剿匪"总

39　北京画院编《人生若寄：北京画院藏齐白石手稿日记（下）》，广西美术出版社，2013，第381页。

指挥，参加追堵红军第一、四方面军。同年 10 月 3 日任第四十四军军长。1936 年 2 月 15 日授中将衔。抗日战争爆发后，所部第四十四军出川作战。1938 年 1 月 20 日四川省主席刘湘在汉口病逝，由张群继任省政府主席职，而由王缵绪代理；是月 27 日任第二十九集团军总司令。8 月 2 日任四川省政府主席及省政府委员，并代理四川省保安司令。1939 年 8 月 10 日，川康军七师长发出通电反对王缵绪，列数其七大罪状。9 月受蒋介石召见，令其率部前方抗战，川省主席一职暂由蒋介石兼理。而后由王缵绪率第二十九集团军驻湖北，参加随枣、枣宜会战。1940 年 5 月 25 日加上将衔。1942 年 7 月 10 日任第六战区副司令长官。1943 年 11 月率部参加常德会战。1944 年 3 月 6 日改任第九战区副司令长官。1945 年 2 月 10 日任重庆卫戍总司令。同年 5 月当选中国国民党第六届中央执行委员。1947 年 5 月 14 日改任武汉行辕副主任。1948 年当选第一届"国民大会"代表，8 月 5 日派任重庆绥靖公署副主任，旋兼任重庆警备司令。1949 年 12 月 7 日被派为西南第一路游击总司令；14 日指示新编第四十四军代理军长周青廷，发出起义通电。[40]

以二人往来信函看，其实在彼此晤面之前，王瓒绪和齐白石并无多少直接的交流，大多都是通过中间人互致心意表达情愫。身为"四川王"刘湘曾经的心腹大将加只手遮天的一方诸侯，会亏欠一个许诺给北平老画家区区三千元的旅费？落一个无信

40　刘国铭主编《中国国民党百年人物全书（上）》，团结出版社，2005，第 246 页。

无义的"小人"骂名？

齐白石信了。

我不信！

齐白石的四川之行，似乎给他留下了巨大的心理创伤，1941 年的冬天，齐白石闲来翻阅《蜀游杂纪》，在日记页末幽幽补记道："因忆在成都时有一门客，日久忘其姓名，翻阅此部日记，始愧虚走四川一回，无诗无画，恐后人见之笑倒也。故记数字，后人知翁者，翁又有不乐之事，兴趣毫无以至此。"[41]

聪明一世的齐白石，至少在入川时，没想明白一个道理：你看王瓒绪，是天上月一枚。王瓒绪看你，是繁星中一颗。

41　北京画院编《人生若寄：北京画院藏齐白石手稿日记（下）》，广西美术出版社，2013，第374—375 页。

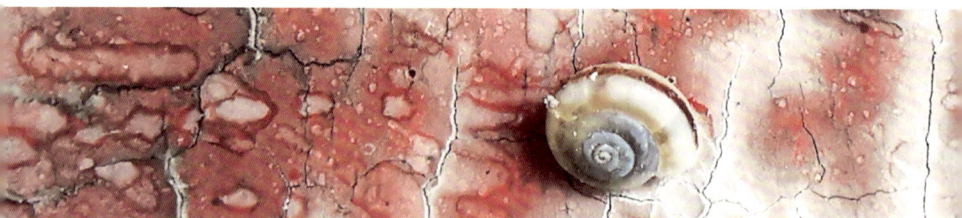

十一｜跨车胡同的蜗牛

庚子大疫，居京不易。七月间，将京城齐白石留下足迹的地方，择其一二探访，留影存照。虽然北京四九城早已被一波一波的改造化妆整容变得面目全非，但探访更像是探秘，寻旧不如说寻新。但是当亲身站在老人家所游所居所祭之地，那些由枯燥冷漠的文献与图像所堆积起来的历史，似乎也在一瞬间，有了温度和生命。

1926 年的冬天，老北漂齐白石终于在北京置业了。花了两千元买了跨车胡同 15 号院子。[1] 从此安居于此，虽然到了新中国，政府为老人家一度修了雨儿胡同的新宅，但是老人恋旧，搬到雨儿胡同不久又闹腾着回到了跨车胡同的旧宅，直到 1957 年溘然辞世。算一算，老人家在跨车胡同，整整住了三十一年。

跨车胡同 15 号一带，原先属于北京西城一位大户人家，家道败落后不断变卖家产，齐白石所购，属于大户人家的后院，几经易手后到了齐白石手中。这个后院又分为五个小院：后西院、花院（俗称南院子）、枣树院、东院、北院。院与院之间都有门相通。齐白石就住在院中的北院。[2]

当时北京物价低廉。1926 年一间房屋的月租也就一元五角左右 [3]，鲁迅 1923 年租用砖塔胡同 61 号院居住，三间正房月租八元，聘的女佣包食宿一个月工资仅为三元。[4] 1926 年，一个四口之家年收入达到 250 元左右，就能被评定为北京的中产阶级

---

1 齐璜口述、张次溪笔录《白石老人自传》，人民美术出版社，1962，第 78 页。
2 齐良迟口述《父亲齐白石和我的艺术生涯》，海潮出版社，1993，第 5 页。
3 李景汉：《北平最低限度的生活程度的讨论》，《工商半月刊》1929 年第 16 期。
4 陈明远：《文化人的经济生活》，文汇出版社，2005，第 104 页。

齐白石故居正门 （作者拍摄于 2020 年 7 月 11 日）

家庭。[5] 齐白石 1919 年仓皇北上正式开始职业生涯，北漂七年在北京买房置业。两千元相当于当时北京八个中产家庭的年收入总和。齐白石一次付清，不还月供，以此看来，这北漂已经算是相当的成功。

从望京驱车沿北三环到西二环，再经广宁伯街往南行一个路口，即到齐白石故居。辟才胡同实际已经荡然无存，只剩下了一个路名而已。老人家当年花两千元买来的院落，孤零零地坐落在辟才胡同西口的西北角上。周围早已是高楼林立，因为靠近金融街，以金融机构居多。作为北京市文物保护单位，跨车胡同 15 号（现为 13 号）才得以保留至今——虽然被周围的高楼大厦衬托得多少有些格格不入。

老人家的旧居，比想象中要寥落孤独。门额顶端上的杂草与牵牛花，坚韧地表达着它们顽强的生命力。不知道老人家当

5　五四运动之后的十几年间，中国南北市场上主要流通银圆，币值采用银本位制。直到 1935 年国民政府才正式确定法币为国家法定货币，取代银本位的银圆。详情参看张涛：《草头露与陌上花——齐白石北漂三部曲》，广西美术出版社，2018，第 77—86 页。

左：门额上的野草长势旺盛（作者拍摄于 2020 年 7 月 11 日）
中：齐白石故居大门门板上的门缝（作者拍摄于 2020 年 7 月 11 日）
右：齐白石故居院内盛开的牵牛花与野蛮生长的杂草（作者拍摄于 2020 年 7 月 11 日）

年的那些牵牛花画作，是否就是来自家中这野逸写生。大门紧闭，似乎已经许久没有人踏足此地了。

齐白石的故居其实几经修葺，1950 年，人民政府将老人家的三间北屋装修了一番，挑了顶，原来纸糊的顶棚改抹上了石灰。1955 年，老人家自费请来泥瓦匠，将全院的地砖，改成了洋灰砖。院子的大门涂上了黑漆。[6] 留存到今天的院门，也是黑漆斑驳，门楣与门框间涂为朱红色。门前有两个雕花石墩，雕刻着寓意福禄寿的蝙蝠、鹿等图案。大门左侧门板上有一个小门缝，类似于今天的猫眼。齐白石为人谨小慎微，时局不稳时经常大门紧闭，门里面还要加上一把大锁。有人来访需要在门口拍门环，先由仆人问明来者的姓名，进去告知齐白石，老人家再亲自出来，在门缝中看清是谁，愿意接见的会亲自开锁请进，不愿意见的就直接由仆人回绝："主人不在家"。[7] 躬身从门缝眯眼往里看，门廊尽头一堵照壁挡住了视线。院内的牵牛花恣意盛开，

6　齐良迟口述《父亲齐白石和我的艺术生涯》，海潮出版社，1993，第 5 页。
7　张次溪：《齐白石的一生》，人民美术出版社，1989，第 164 页。

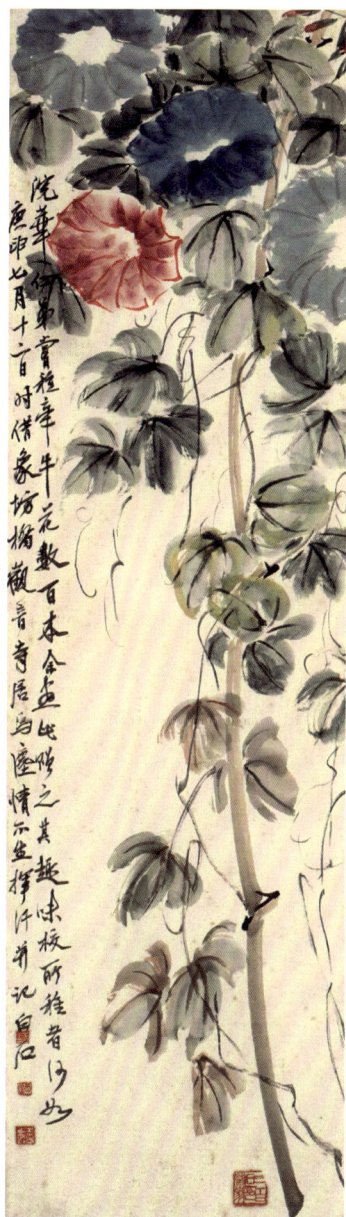

齐白石　牵牛花　纵 35 厘米　横 12 厘米　1920 年　梅兰芳纪念馆藏

从左至右：
正门前的右侧石墩 （作者拍摄于 2020 年 7 月 11 日）
正门前的右侧石墩侧面 （作者拍摄于 2020 年 7 月 11 日）
正门前的左侧石墩 （作者拍摄于 2020 年 7 月 11 日）
正门前的左侧石墩侧面 （作者拍摄于 2020 年 7 月 11 日）

杂草野蛮生长，门廊两边堆放着灭火器、铁锹等杂物。"仰天大笑出门去，我辈岂是蓬蒿人。"如今人去屋空，只剩蓬蒿。

看来这扇大门，也是许久未曾打开了。与齐白石生前交往颇深的张次溪，曾经就和齐白石因为这小小的门缝，产生了一场不大不小的误会：

> 那时，我每次去见他，往往在门口，立候好久，要让他在门缝中看明白了，才叫我进来。又一次，我去叫门，他的女仆，说他不在家，他的小儿子跑出来又说他在家，我认为他存心回避，心里很不高兴，写信去质问他，口气很不谦虚。他回了我一封信，竭力解释说："吾贤昨日之来，是否因吾有电话请来者？若是得吾电话而来，是吾约来，何得不见。即未得吾电话，吾贤之来，必有诗文事件相商，吾亦不致拒绝也。从来忘年交未必拘于行迹，嬉笑怒骂，皆有同情，是谓交也。一访不遇，疑为不纳，吾贤非也。一函不复，猜作绝交，吾贤尤非。虽往还有年，尚不见谅老年人之心，猜疑之心长存，

左：门前石阶不知接受过多少名流往来踩踏，如今只有一株顽强的小草陪伴（作者拍摄于 2020 年 7 月 11 日）
中：齐白石故居（作者拍摄于 2020 年 7 月 11 日）
右：齐白石故居前的榆树（作者拍摄于 2020 年 7 月 11 日）

> 直谅之心不足，吾贤三思。要知吾之无望之小儿，信口答话，
> 与应门之村妇，两不相符，不足怪也。是非何有也。"[8]

齐白石混得开，离不开高情商，这话术相当了得。七八十岁的老人家，对二三十岁的小年轻，能如此推心置腹加人情两怡，说到最后反而嗔怪加质疑张次溪对二人友情的忠诚度来，话说至此，年轻人再不接着就真是不懂事了。结果自然是冰释前嫌，张次溪随之也获得了只要听到院内齐白石的脚步声不用门外报名只管大声吆喝就可开门的"特权"。

出了齐白石故居，沿着辟才胡同往南行一个路口再折向西，即到二龙路，旧称鬼门关。齐白石买下跨车胡同 15 号院后，曾经作诗自嘲道：

> 凄风吹袂异人间，

8　张次溪：《齐白石的一生》，人民美术出版社，1989，第 164 页。

齐白石　壶茶清香　纵 68 厘米　横 35 厘米　1956 年　北京画院藏

久住浑忘心胆寒。

马面牛头都见惯，

寄萍堂外鬼门关。[9]

　　年届花甲北漂，京华几度流寓，不是庙里就是寺中，真和尚假和尚念真经念假经，老人家见得太多了。齐白石曾在某诗中特意注释道："余平生最厌和尚，厌其非真。故诗及之。"[10]

9　齐良迟口述《父亲齐白石和我的艺术生涯》，海潮出版社，1993，第 4 页。

10　齐白石：《庚申日记并杂作》，载北京画院编《人生若寄：北京画院藏齐白石手稿日记（下）》，广西美术出版社，2013，第 247 页。

左：齐白石故居大门正面，门板上贴过许多齐白石亲手写的便条（作者拍摄于 2020 年 7 月 11 日）
右：透过齐白石故居门缝看到的内部景象（作者拍摄于 2020 年 7 月 11 日）

　　能够想见老人家终于搬到属于自己院子中的那一天，是多么的心安与幸福。在跨车胡同 15 号院中躺下的第一晚，大概也是齐白石北漂数年，睡得最安稳的一晚。

　　碰巧下起了蒙蒙细雨，从大门步行一圈绕到了院子的东侧，远眺远能看到 20 世纪 80 年代盛行的电视大线，依旧蠹立在院中。齐白石所住院内北院的外墙，早已被刷成了奥运灰。1937 年，京城有名的算命先生舒贻上给七十五岁的齐白石算命，告诉他生辰八字与哪些人相忌，要在某月某日某个时辰一个人待在屋子里谁都不见，才可平安度过这一年。齐白石依言行事，在那一天将三间北屋全用黑布蒙住，使得屋子里面一点光线都没有，然后老人家走进屋中，独自一人静静地度过了那"某个"时辰，其间不许任何人进入。等过了时辰老人家走出北屋，正式向大家宣布：好的，我七十七岁了！[11] 似乎自己生命中的这两年光阴，

11　齐良迟口述《父亲齐白石和我的艺术生涯》，海潮出版社，1993，第 11 页。

齐白石　歇歇　纵 34.5 厘米　横 24.5 厘米　无年款　北京画院藏

趴在齐白石故居门板上的蜗牛，不知道这小生灵是不是也想倾听院子里曾经发生过的故事
（作者拍摄于 2020 年 7 月 11 日）

就会在黑暗中失明，擦身而过将他遗忘。不管怎样，此番做法之后老人家又是三十年好运，看来确实是应验了某些东西。

雨下得大了起来，转身离开，回头又看了一眼这寥落的大门。小小的门板上，贴过老人家亲手写的各类便条，"白石老人心病复发，停止见客""画不卖与官家，窃恐不祥""绝止减画价，绝止吃饭馆，绝止照像（相）""切莫代人介绍，心病复作，断难报答也"。[12] 如今只有无声的斑驳裂纹，冷冷地看着街上的红尘滚滚。

一只小蜗牛，趴在白石旧居大门的朱漆之上。这倔强的小生灵，是不是也在倾听这个院子里所发生过的那些京华烟云？

12　齐璜口述、张次溪笔录《白石老人自传》，人民美术出版社，1962，第 95—96 页。

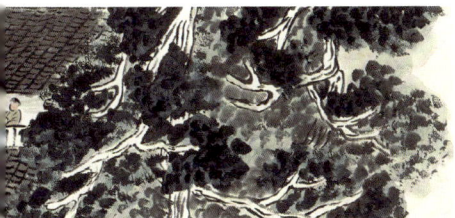

十二 张园何处寻

1931 年的夏天，齐白石又一次来到了左安门内新西里三号的张园避暑。

张园，张次溪在北京的家。因为做了齐白石的口述史，张次溪得以在艺术史上留名。很有意思的是，如今市面上流行的齐白石口述、张次溪笔录的《白石老人自述》有数个版本，但是内容最全的，却是 1962 年由人民美术出版社出版的齐白石口述、张次溪笔录的《白石老人自传》。据出版界前辈研究对比后发现，虽然书名仅一字之差，虽然都是白石口述、次溪笔录，但是与 1962 年出版的《白石老人自传》比起来，其他几乎所有版本实际都是根据最早于 1961 年由香港中华书局推出的《白石老人自述》所翻印，但是很可惜，这个版本是个删节版，而且删的不是一星半点——整整七十五处，共计八千字。[1]

张园所在，原是崇祯初年名将袁崇焕的故居（一说为袁驻军之所），至清末早已荒废，只有一些七零八落的民居散落于此，一片萧条景象。张次溪的父亲张篁溪其时在京任职，公余发现此处为袁崇焕故居，特出资购置，修葺治理，种了不少花木绿植，渐渐成了气候。时人称为"张园"。同时在张篁溪的倡议与发起捐助下，于左安门内广东义园建立"袁督师庙"，此庙于 1917年建成。张篁溪请他的老师康有为为袁督师庙题写碑文，此庙正在张园的北边不远。

张篁溪，广东东莞人，康有为弟子，早年留学日本学习法政，归国后任职于司法部。张次溪曾为其父撰《张篁溪先生行略》：

1　杨良志：《齐白石、张次溪与〈白石老人自述〉（〈自传〉）》，载北京画院编《齐白石研究》第六辑，广西美术出版社，2018，第 31 页。

齐白石　熊蜂　纵 27.5 厘米　横 35 厘米　无年款　北京画院藏

先考一生治学至勤，光绪丁酉，南海康先生讲学广州学宫孝弟祠。先考时年二十一岁，以文字就正，遂师承焉。康先生著大同书，孔子改制考新学伪经考诸书，先考与同门诸公，分任纂辑之劳。甲辰之冬，更东渡扶桑，求新学救国。时与同学胡展堂、汪季兴、朱执言、蔡松坡、唐蓂赓诸公，上下其议论，开中华民国之始基，康先生见而斥之，自是而后，寖研国家治乱之所由。而多以康先生为归，惟主张民主立宪，以息兵祸，永安人民，曲高寡和，茌苒二十年无所遇，自谓议不妨自我发，功不必自我成，今日之风气，得非四十年前所已言者耶？其后既编康先生学案又刻康先生所著书。即世所传万木草堂丛书是也。又与义宁陈散原、湘潭齐白石、

左：袁督师庙（作者拍摄于 2020 年 7 月 10 日）
右：袁督师庙正门（作者拍摄于 2020 年 7 月 10 日）

桐城吴北江、新城王晋□诸公为友，往还至密……先考灵柩，
已于夏历丙戌十二月十一日十时安葬北平左安门内张园。遵
先考三十年来凤志也。溯先考生于广绪丁丑年三月廿九日亥
时，享年七十岁。[2]

清末民初，国中有志的年轻人英姿勃发，或东渡或西游，
梦想以学报国。奈何政治黑暗，仕途黯淡，激情与抱负渐渐消沉，
于是往往转移注意力，从他途寻求自我价值绽放。当年写博士
论文，读余绍宋日记，余绍宋也是东渡日本学习法政，归国后
于民初在司法部任职，与张篁溪算是同事关系。上班那可真叫

---

2 张仲锐：《张篁溪先生行略》，《中央日报》1948 年 2 月 5 日第 6 版。

齐白石　小鱼　纵 21.5 厘米　横 31.5 厘米　无年款　北京画院藏

一个闲呵，每天大把时间用来练书法做学问研习画学，兼职主持宣南画社，总之正业不知道干得如何，但是副业都青史留了名。张篁溪营建袁督师庙，修筑张园，实际情同此理。

　　齐白石与张篁溪父子是世交。一个是总想当帝师的王湘绮弟子，一个是总想当素王的康有为弟子，也算门当户对。张篁溪多次邀请齐白石到张园游玩，齐白石很喜欢这方水土，不是因为它沾染了千古冤将身前故居的历史光环，也非其中的屋宇陈设多么豪华奢侈，而是这里怡人幽静的山水景色，恰恰能够勾连起齐白石那隐藏心底的遥远乡愁：

　　　　你家的张园，在左安门内新西里三号，原是明朝督师崇焕的故居，有听雨楼古迹。尊公篁溪学长在世时，屡次约我

袁庙广场假山山顶的凉亭 （作者拍摄于 2020 年 7 月 10 日）

去玩，我很喜欢那个地方，虽在城市，大有山林的意趣。西望天坛的森森古柏，一片苍翠欲滴，好像近在咫尺。天气晴和的时候，还能看到翠微山峰，高耸云际。远山近林，简直是天开画屏，百观不厌。有时雨过天晴，落照残虹，映得天半朱霞，绚烂成绮。这样的景色，不是空旷幽静的地方，是不能见到的。附近小溪环绕，点缀着几个池塘，绿水涟漪，游鱼可数。溪上阡陌纵横，稻粱蔬果之外，豆棚瓜架，触目皆是。叱犊呼耕，戽水耕田，俨然江南水乡风景，北地实所少见，何况在这万人如海的大都市里呢？我到了夏天，常去避暑。[3]

3　齐璜口述、张次溪笔录《白石老人自传》，人民美术出版社，1962，第 82 页。

左：袁督师庙东侧龙潭湖，齐白石曾在此处钓鱼观虾、消夏游玩 （作者拍摄于 2020 年 7 月 10 日）
右：袁督师庙广场东侧的树林，应为张园旧址的一部分 （作者拍摄于 2020 年 7 月 10 日）

我去过齐白石幼时生活过的星斗塘老屋，房前荷塘蛙吟唱，屋后竹林打叶声，一副静谧恬淡的乡间桃源景象。可惜世事动荡，齐白石无奈北漂，逃得过乡乱，逃不过乡愁。是不是袁崇焕旧居无所谓，但这张园大隐隐于市的乡土气息，实在是齐白石于北京城里所能闻到的最熟悉的陌生味儿了：

记得辛未那年，你同尊公特把后跨院西屋三间，让给我住，又划了几丈空地，让我莳花种菜，我写了一张《借山居》横额，挂在屋内。我在那里绘画消夏，得气之清，大可以洗涤身心，神思自然就健旺了。那时令弟仲葛、仲麦，还不到二十岁，暑期放假，常常陪伴着我，活泼可喜。我看他们扑蝴蝶，捉蜻蜓，扑捉到了，都给我做了绘画的标本。清晨和傍晚，又同他们观察草丛里虫豸跳跃，池塘里鱼虾游动，种种姿态，也都成我笔下的资料，我当时画了十多幅草虫鱼虾，都是在那里实地取材的。还画过一幅多虾图，挂在借山居的

齐白石　莲叶小鱼　纵 109.5 厘米　横 34 厘米　无年款　北京画院藏

齐白石　三虾　纵 22 厘米　横 31.5 厘米　无年款　北京画院藏

墙壁上面，这是我生平画虾最得意的一幅。[4]

只把他乡作故乡！齐白石在张园挥毫作画的时候，恍惚间，星斗塘、梅公祠、茹家冲的旧时景象，一一映入眼帘。此时此地，就是我那曾经心心念念的借山居呵！

张园旧址早已无迹可寻。张篁溪曾在张园内营建袁崇焕纪念堂，据载堂里有康有为所写石刻联语一副："天地皆春色，乾坤一草庐。"这间纪念堂和石联，在 1948 年被国民党驻军毁坏，园中其他建筑和花木，也都被破坏一空。[5]1958 年，张次溪见庭院渐趋荒芜，为保存古迹起见，遂将此处捐献给了政府，后

4　齐璜口述、张次溪笔录《白石老人自传》，人民美术出版社，1962，第 82 页。
5　涵江:《龙潭的袁督师庙》，载北京出版社编辑《北京街道的故事》，北京出版社，1958，第 65 页。

袁督师庙广场东侧的树林，应为张园旧址的一部分 （作者拍摄于 2020 年 7 月 10 日）

来划归龙潭公园管理。[6] 从公园西北门进入，往东走百十来米，就到了袁督师庙广场。袁督师庙在一片松柏围绕之中静静矗立，仅可容纳一人拾级而上的阶梯尽头，袁督师庙庙门赫然耸立，青砖朱门，秀气得有点不像话。门额上刻"袁督师庙"四个大字。庙门左右为康有为所题写的楹联：

其身世系中夏存亡　千秋享庙　死重泰山　当时乃蒙大难
闻鼙鼓思东辽将帅　一夫当关　隐若敌国　何处更得先生

崇祯在煤山上吊的时候，可曾想到让读书人掌兵，是多么

6　齐璜口述、张次溪笔录《白石老人自传》，人民美术出版社，1962，第 82 页。

左：袁督师庙门右侧康有为题楹联 （作者拍摄于 2020 年 7 月 10 日）
右：袁督师庙门左侧康有为题楹联 （作者拍摄于 2020 年 7 月 10 日）

不靠谱的事情。成全了袁崇焕的千古英名，成就了清帝国的辉煌百年，自己呢？只变成了逛景山公园时被游人猜测哥们儿到底是在哪棵歪脖子树上吊死的缥缈谈资。袁崇焕是否降清，为何营建袁督师庙，尚且都有再议的空间。黄濬在写"袁崇焕里居"时，即曾记到许多值得玩味再三的历史细节：

　　晦闻《蒹葭楼诗》中，有《清明谒袁督师墓》一诗，袁墓在旧都广东义园。《明史》载崇焕为广东东莞人，终清代粤中名士数为祭扫。余曾与瘿公一至，其后又尝寻夕照寺壁画，再过之。晦闻诗有云：
　　当年和议岂得已，盖欲以暇营锦中。
　　收拾散亡计恢复，肘腋之患除文龙。

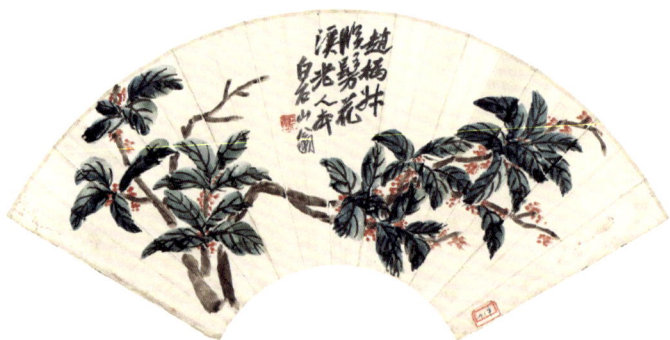

齐白石　桂花　纵 28 厘米　横 57 厘米　无年款　北京画院藏

　　此为督师表忠，壮心事如绘，立言固应尔也。然督师之功罪是非，迄无定论。余曾见盛京清内府所藏老档，皆满文细字，徐东海重金请人译出，中有袁崇焕投降全档，与降书原文，观其文义经过，似非伪降，否则清之反间计耳。惜睹此译文时，未暇录出。晦闻此诗末云：

　　谁今丹垩蚀风雨，乃请庙繪为迎逢。

　　援唐宗姓祀李耳，希宋濮议跻欧公。

　　时流无耻可足道，于公不啻筵撞钟。

　　盖有所讽。按：此诗作于丙辰，为民国五年，袁氏正称帝，其时有东莞邑人某上书言，东莞之袁与项城之袁为一宗，而为之谶曰："杀袁者清，灭清者袁。"袁按谱虽心知其非，而不明斥。当时袁将改元，群下议年号，金思绾合洪武，于有洪宪、宪武之拟称，盖利用思明覆清之心理，故于尊袁通谱之谀词，亦乐闻之，晦闻诗，直发其覆矣。[7]

7　黄濬：《花随人圣庵摭忆》(上)，中华书局，2013，第 52 页。

真实的历史，永远比历史的真实更精彩。这位质疑袁崇焕忠诚度的黄濬，后来任国民政府行政院机要秘书，却在1937年因暗通日寇，泄露最高军事机密，以叛国罪被公开处决。

龙潭公园内游人寥寥，袁督师庙更是空无一人。去时袁督师庙并未开放，只能绕行一圈。离开袁督师庙往南行，据记载张园旧址正在这一带。一位曾经在这里居住过的老者，回忆起张园内的景象：

> 占地约三四亩，该园向北开有一门，门楼横额有康有为书"张园"二字，为白底黑字。进园有两间南房，当年可能作为门房用，接着是一座长方形的花园，南北向稍长。靠西墙有一条南北方向的甬路，甬路与西墙间是一行松树。花园内有桃树、榆叶梅等花木，每当春季，桃花吐艳，梅魂飘香。园内还有几株开着粉红花的大树，乒乓球大小的花朵很像一簇绒毛组成，人们叫它"绒花树"。花园的最南端，是一座青砖灰瓦的院落。靠西侧是一个向北开的月亮门，门内是一个外院，内院的垂花门是向西开的，里院是以东为上的三合院，院内有西府海棠两棵，藤萝一架。东房五大间应为纪念堂，当时我还识字不多，常去东屋玩耍，见墙上嵌有许多石刻，什么字已记不清了。南北厢房各二间，我家曾住在两间北房内。从南房天井处，向南还有一个跨院，有几间东房。当时，主人不在此处居住，据说园子的主人住在宣武门外烂缦胡同东莞会馆中的一个独立院落内。[8]

8　http://culture.qianggen.net/2010/0117/6320_5.html[2020年7月10日登录]。

齐白石　桃花　纵 24.5 厘米　横 54.5 厘米　无年款　北京画院藏

据此回忆，张园只是张篁溪家的一处度假别墅所在，清静雅致，屋宇甚多。平时闲置，张家夏日来此度假避暑时，邀请齐白石一同前往。齐白石在张园的屋子内，挂一张"借山居"的横额，也才不显得颠顸唐突。按齐白石所述，当时在张园附近的游览路线大体如下：

（张园）故居的北面不远，有袁督师庙，听说也是尊公出资修建的，庙址相传是督师当年驻兵之所。东面是池塘，池边有篁溪钓台，是尊公（张篁溪）守庙时游息的地方，我和尊公在那里钓过鱼。庙的邻近，原有一座法塔寺，寺已废圮，塔尚存在。再北为太阳宫，内祀太阳星君……太阳宫的东北，是袁督师墓，每年春秋两祭，广东同乡照例去扫墓，尊公每届必到，也曾邀我去参拜过。我在张园住的时候，不但袁督师的遗迹，都已瞻仰过了，就连附近万柳堂、夕照寺、卧佛寺等许多名胜，也都游览无遗。万柳堂在清初是著名的，现在柳树已无一存，它附近的拈花寺，地方倒很清静。夕照寺地址很小，内有陈松画的松树，在庙里的右壁上面，画得苍老挺拔，确是一幅名画。卧佛寺在袁督师墓的西边，相距很近，听说做（作）《红楼梦》的曹雪芹，晚年家道中落，曾在那里住过一时，我根据你做（作）的《过红雪故居》的诗句"红楼梦断寺门寒"，画了一幅《红楼梦断图》。[9]

齐白石颇为得意此作，画成后特意题诗道：

> 风枝露叶向疏栏，
> 梦断红楼月半残。
> 峰火称奇居冷巷，
> 寺门萧瑟短檠寒。[10]

张园当时在袁督师庙的南面，按照面积和位置大体推算至少有两千余平方米，现在已经成了郁郁葱葱的林地和孩童嬉戏的游乐场。袁督师庙南边不远，还有一座假山，山顶有凉亭，当时这一片应该都是张园内府范围。朝东行即到已有相当面积的龙潭湖，当时还只是小溪潺潺，遥想白石老人当年就坐在溪水边，看鱼虾嬉戏，看夕阳晚照，看那回不去的借山居，该是多么惬意与安闲。

沿着湖边往东北方向行约十几分钟，就到了齐白石游览过

9　齐璜口述、张次溪笔录《白石老人自传》，人民美术出版社，1962，第83页。
10　张次溪：《齐白石的一生》，人民美术出版社，1989，第156页。

左：袁督师庙广场通往假山山顶的阶梯，此处应为张园旧址的一部分（作者拍摄于 2020 年 7 月 10 日）

右：远眺万柳堂（作者拍摄于 2020 年 7 月 10 日）

的万柳堂。柳是新柳，堂是新堂，而且内部已经被装修成了饭店。不过从堂前望到的景致，倒也能依稀联想起早年风貌。不过按齐白石所记，实际当他在张园游览时，万柳堂前已经无柳可寻了。

出龙潭公园北门，向东沿龙潭路行至左安门内大街南口再折向北行不到两千米，即到夕照寺。张次溪曾撰《北京夕照寺小志》详细介绍此寺情况：

> 山门向南，石额古迹夕照寺。系旧刹，明中叶便有之，据宸垣识略云：寺创建年月无考。或云燕京八景有金台夕照，此寺之所由名也。赵吉士育婴堂碑记云：夕照寺顺治初已圮，仅存屋一楹，雍正间文觉禅师元信，当退居于此，殿宇修洁完整。乾隆间地藏殿两墙，左为王安昆书高松赋，右为陈寿山画双松，皆一时名笔云云。现在此寺颇为齐整，附设慈济

上：万柳堂前远眺景色 （作者拍摄于 2020 年 7 月 10 日）

中：万柳堂 （作者拍摄于 2020 年 7 月 10 日）

下：万柳堂旧址 （作者拍摄于 2020 年 7 月 10 日）

夕照寺 （作者拍摄于 2020 年 7 月 10 日）

民众第二学校，乃慈济妇女识字班。[11]

按张文所述，夕照寺前殿三楹，后殿五楹。有大雄宝殿、大悲殿、文昌殿、关帝殿等，规模尚可。可惜的是，现在只剩下一座孤零零的庙门，在马路边顽强地证明着自己的存在。

1936 年 3 月 29 日，清明节之前，齐白石再次来到了张园。此行是受张家父子邀请，参拜袁督师遗像。那一日大佬云集——陈散原、杨云史、吴北江等政学两界耆老纷纷莅临张园。陈散原，封疆大吏陈宝箴之子，晚清诗坛翘楚加维新四公子之一；杨云史，前清户部、邮传部郎中，入民国一度曾为吴佩孚幕僚；吴北江，京师大学堂总办吴汝纶之子，桐城派大家，北洋政府教育部副

11　张次溪：《北京夕照寺小志》，《中日文化》1942 年第 2 卷第 5 期。

齐白石　菊花　纵 134.5 厘米　横 33 厘米　1936 年　北京画院藏

部长；齐白石，湘潭农民齐以德之子，画画的。

混圈子，什么时候都重要！

陈散原那一日兴致颇高，亲手在院内种了一棵矮松。齐白石画兴顿发，张次溪的老师吴北江请他即景绘图。齐白石画成后，还饶有兴致地在图后题了四阙《深院月》小词：

> 凭吊处，泪汍澜，剑影征袍逝不还。
> 野水凄凄悲落日，一枝北指吊煤山。

> 三面水，绕荻湾，历劫双松花翠烟。
> 听雨楼倾荒草蔓，一丛野菊曙光寒。

> 池上月，逼人寒，龙臂曾闻击锦鞍。
> 从古孤忠恒死国，掩身难得一朱棺。
> （原注：袁督师冤死，义仆佘某负尸埋葬于广渠门内广东义园中。）

> 坛畔树，听鸣蝉，断续声声总带酸。
> 玉账牙旗都已渺，白虹紫电夜深看。
> （原注：故宅北有袁督师庙，即昔之誓师坛遗址。篁溪学长藏督师遗物甚多。）[12]

画也画了，词也吟了。难得群贤毕至，当日聚餐之时，齐

12　张次溪：《齐白石的一生》，人民美术出版社，1989，第189页。

齐白石　水草螃蟹图　纵 67.5 厘米　横 34.5 厘米　无年款　北京画院藏

齐白石　双肇楼图　纵 33 厘米　横 88.5 厘米　1932 年　北京画院藏

白石貌似不经意间谈起了自己的身后事："我本打算在京西香山附近，寻找一块风景比较好的地方，预备个生圹。几年前，托过我的同乡汪颂年（诒书）写了一块'处士齐白石之墓'七个大字的碑记。墓碑虽已写好，墓地还没找到，拟趁今日机会，恳求诸位大作家，俯赐题辞，留待他日，俾光泉壤。"[13] 大家都

13　张次溪:《齐白石的一生》，人民美术出版社，1989，第 189—190 页。

雙摩樓圖
次溪世兄正屬
壬申 白石璜

是场面人，自然纷纷欣然允诺。不看僧面"篁溪学长"面那也得看不是？！没过几天，大佬们的诗词，纷纷送到了跨车胡同。老人家那叫一个高兴。嗯，张园没白跑！画也没白画！

　　齐白石与张次溪可谓忘年交，齐白石年长张次溪四十五岁，但是以1962年版《白石老人自传》内容看，老人家对于张次溪，言辞是相当客气有分寸。张次溪子承父业，以北京文史掌故家而闻名于世，编纂有《京津风土丛书》《燕都风土丛书》《北平史迹丛书》等。齐白石八十六岁时才抱着一堆材料找胡适帮他试着写传[14]，张次溪年仅二十岁的时候，就拥有了自己的传记：

> 张子次溪名江裁，粤之东莞人，前比部金事沧海先生嗣，名父子也。幼聪慧，能文章，不喜征逐，所崇游者，多品端学□，年事倍长，曹让蕃、王蝉斋、吴东园，皆其友也。比部挂冠为寓公，开张园于王城之左，颂读其中，常与沈南雅词部坐谈，次溪侍，深夜弗倦，时年方志学南雅许为大器，未弱冠，有神童名，当代儒宿，俱师事之，尤心折于南雅，为之缮写著录……识君者，皆谓其风义等于古人，次溪承南雅之志，续立南旧学社，以文会友，遥接新传，都市风陨堕行，濯文献沦亡提倡保存之不遗力，手抄先进及师友之遗著，汲汲谋刊行。[15]
>
> ……
>
> 尊师重友，当成□之后，即好学不倦，信道□□，无暇迩。[16]

这是让齐白石多么艳羡的揄词。真是学得好不如生得好，老人家心里肯定会苦涩地想。[17]可惜张次溪的天资才赋，并不独独用在了史地掌故风俗考究的学术钻研上，他于20世纪40年

14　"民国三十五年（1946）秋天，齐白石先生对我表示，要我试写他的传记。又一次他亲自到我家来，把一包传记材料交给我看，我很感谢他老人家这一番付托的意思，当时就答应了写传记的事。"胡适编纂：《齐白石年谱》（胡适自校本），胡适纪念馆出版，1972，第1页。

15　《张次溪传》（上），《小日报》1929年12月1日第3版。

16　《张次溪传》（下），《小日报》1929年12月2日第3版。

17　不过1949年之后两人的际遇，如同命运所开的轮回玩笑，半生颠沛的齐白石在晚年走上热闹的神坛，少年成名的张次溪晚景寂寞凄凉。详情参看宋希於：《掌故家张次溪晚年侧影》（上）（下），载严晓星主编《掌故》，中华书局，第三、第四集。

代先后发表了《双照楼佚事》[18]《汪精卫先生在狱轶闻》[19]《汪主席六十政纪》[20] 等文，为汪精卫树碑立传。这也算是张园里的一点遗憾吧。

1940 年的齐白石，坐困愁城，"在北地留连二十有三载，可惭者，雕虫小技，感天下之知名。且喜三千弟子，复叹故旧亦如晨星。忽忽年八十矣，有家不能归，派下男子六人，女子六人，男媳五人，孙曾男女合四十余人，不相识者居多数"。[21]

1940 年的张次溪，却荡漾在秦淮河上与友朋传杯弄盏诗酒征逐。有名为叔玑者写就一首《虞美人·偕张次溪泛舟秦淮用汪主席韵》的艳词：

> 大江日夜波流处，繫揖谁为侣。秦淮歌舞画船过，坐对金樽不饮，奈愁多。宝珠错落明灯火，一觉依然我。美人绮梦付寒流，又是满天星斗望神州。[22]

不知道在秦淮河上吟诗作赋加"满天星斗望神州"时，他们有没有嗅到河中那弥漫三年也未必消散的丝丝血腥味。不过这类文人的质感，倒是和胡兰成有得一比——对自己好，才是真的好！

---

18 《双照楼佚事》(续)，《政治月刊（上海）》1943 年第 6 卷第 1 期，第 79—80 页。
19 《中日文化》1941 年第 1 卷第 1 期，第 117—120 页。
20 《政治月刊（上海）》1942 年第 3 卷第 5 期。
21 胡适编纂：《齐白石年谱》(胡适自校本)，胡适纪念馆出版，1972，第 38 页。
22 《近人词：虞美人·偕张次溪泛舟秦淮用汪主席韵》，《民意》1940 年第 1 卷第 4 期。

十三 — 暮鼓晨钟法源寺

1917 年，齐白石为避家乡战乱，二上北京。与 1903 年初到北京不一样的是，第一次他是以家庭画师的身份，住在夏午诒家中优哉游哉。闲暇教雇主家小妾画两笔，偶尔逛逛琉璃厂访客会友，主顾想帮他拼市场，他还特别不高兴，可以说是文艺青年症重度患者。到了 1917 年，身份光景可就大不同了，家乡战火不息，无奈仓皇北逃。起初住在位于延寿寺街的好友郭葆生家中，但是"那里同住的，有一个无赖，专事骗葆生的钱，因我在旁，碍了他的手脚，就处处跟我为难"[1]。面子薄心气高的齐白石，不愿意与老友伤了和气，也不愿意得罪小人，于是主动搬了出去，迁到西砖胡同法源寺庙内，与友人杨潜庵同住。

虽然在琉璃厂挂起了卖画刻印的润格，齐白石此行的生意却很惨淡，终日无所事事。齐白石在法源寺听着暮鼓晨钟的寥落心境，大概在他自己所作的《杂感》三首中最能体现：

大叶粗枝亦写生，老年一笔费经营。

人谁替我担竿卖，高卧京师听雨声。

禅榻谈经佛火昏，客中无物不消魂。

法源寺里钟声断，落叶如山画掩门。

八月京华霜雪天，稻禾千顷不归田。

人言中将人中鹤，苦立鸡群我欲怜。[2]

---

1 张次溪：《齐白石的一生》，人民美术出版社，1989，第 66 页。
2 同上书，第 113 页。

法源寺藏经阁 （作者拍摄于 2019 年 5 月 18 日）

　　十月，听说家乡局势稍定，即出京南下。齐白石此行，在北京法源寺住了三个半月。法源寺，可谓齐白石北漂的起点。黄濬《花随人圣庵摭忆》一书中对法源寺渊源记述甚详：

　　　　因忆湘绮，而忆及法源寺，北平城中古刹之巨擘也，所涵藏瑰迹至多，不可无述。寺为唐代之悯忠寺，贞观十九年，太宗为征辽阵亡将士所建。其地为唐代幽州镇城之东南隅，子城东门之东也。按唐幽州，其址半在金城之西部，金展其南，元拓其东北，明缩其北，而复其南。寺经此变迁，昔限于城外，今则被围入外城内西部……此寺自唐贞观建后，历经宋、辽、金、元、明、清，直至现代，迭罹变故，迄无替绝。正统二年内侍宋文毅等募资重修，英宗敕改为崇福寺，寺中有明正统《重建崇福禅寺碑》。崇祯七年，僧德修重建，复称悯忠寺，有《重修悯忠寺碑》，清雍正十一年世宗重修，赐额为法源寺，有清世宗《御制法源寺碑》，今名所由来也。寺中存留之唐、辽、金、明、清五朝碑刻石幢甚多，如唐采师伦《重藏舍利记碑》等，最著名者凡二十一方。[3]

法源寺几经毁灭重建，于清末民初不仅是一处历史悠久的古刹遗存，还因为它庙内的丁香繁盛，成为民初文人骚客诗会雅集之所：

> 殿宇崇宏，花木丛杂，尤以丁香为有名。山门之内，宋柏环植，鼓楼后有唐松一株，古雅如画，天王殿右有唐槐一株。二门之内，则皆丁香，玉雪数百株，间以紫色者，庭东尤盛。广庭中为重台，登视则星攒玉粲，花颖毕见。每岁花时，旧京士夫率于此宴赏。前述湘绮赏春，在民国四年，其后四月，率有小集。忆印度诗哲泰戈尔来京，正暮春花时，北京佛化青年会为复举一赏花会，任公、宗孟、志摩皆预焉。[4]

今天的法源寺正门（南门）西侧为中国佛学院，南侧为悯忠寺故址，现在已经改为小广场和停车场，正门前东西向为法源寺前街，朝东步行五十米左右南北向路口，即西砖胡同。齐白石在1917年于法源寺盘桓三个月后，又于1919年的三月四日（农历），

3　黄濬：《花随人圣庵摭忆》（上），中华书局，2013，第67—68页。
4　同上书，第68页。

法源寺南门 （作者拍摄于 2020 年 7 月 11 日）

再次北上来到了法源寺。"初四日早到京。见杨潜庵，伊代佃法源寺羯磨寮寮房三间居焉，当付佃金八元，立有折据。"[5] 安顿稍定，圈子就得混起来。法源寺因齐白石的老师王湘绮于 1915 年在此赏花雅集，于是明星效应加附庸风雅，法源寺赏春雅集遂成为每年丁香花开之时的常规项目。就在 1915 年的 5 月 5 日，《时报》刊载一则《法源寺之名流盛会》的报道，将参与者名字一一著录，居然多达一百六十余人。[6] 法源寺内空间其实并不宽阔，想想这一百多人可能站都得挤着站，不过既然是名流盛会，雅不雅不重要，在场很重要：

5 北京画院编《人生若寄：北京画院藏齐白石手稿日记（上）》，广西美术出版社，2013，第 181 页。
6 《法源寺之名流盛会》，《时报》1915 年 5 月 5 日。

法源寺南门前的小广场 （作者拍摄于 2020 年 7 月 11 日）

忆民国初元，形色云涌，先有释道阶与孙少侯等，举行释迦文佛降生二千九百若干年纪念大会于法源寺，陈设瑰众。一时朝官命为儒者，哄然效之，争设孔教会之属，或出书画陈览，招邀粉饰，日不暇给，真不知所谓也。[7]

在法源寺安顿好的两个星期后，齐白石就参加了这类盛大的春日嘉年华，"廿日，王式通、樊增祥、易顺鼎、董康、罗惇曧、高步瀛、章华、道阶（寺内方丈也）凡八人倡首，约以今日为丁香会，约客数十人。已刻后，天忽雨，居京师者皆为之喜，今年以来头一次见雨也"。[8] 道阶和尚是法源寺的主持，"俗姓许，湖

7　黄濬：《花随人圣庵摭忆》（上），中华书局，2013，第 384 页。
8　北京画院编《人生若寄：北京画院藏齐白石手稿日记（上）》，广西美术出版社，2013，第 182 页。

左：法源寺内的石碑 （作者拍摄于 2019 年 5 月 18 日）
右：法源寺前街东向，尽头即西砖胡同 （作者拍摄于 2019 年 5 月 18 日）

南衡山人。早年也读过书，二十岁上出的家，释名常践，'道阶'是法号，又号晓钟，因和'八指头陀'寄禅和尚素有往来，自称'八不头陀'，这是一位交际很广的有名高僧"。[9] 法源寺在民初能够名流往来声名显赫，自然离不开这位"八不头陀"的长袖善舞。

如此重要的社交场合，名流云集吟诗作赋，颠沛流离的齐白石虽然身在其中，不过必然有一种疏离之感。此花此雨，能解决老人家的生计问题吗？齐白石曾在《己未日记》中绘一老者立于屋前，画面题记道："此地贫居，老萍愿家。"[10] 前途未卜，孑然无助，雅兴何来？

陈师曾就不一样。齐白石口中那"十分福命十分名，更有先

9　张次溪：《齐白石的一生》，人民美术出版社，1989，第112页。
10　北京画院编《人生若寄：北京画院藏齐白石手稿日记（上）》，广西美术出版社，2013，第178页。

左：法源寺内的参天松柏 （作者拍摄于 2019 年 5 月 18 日）
右：法源寺内的丁香树 （作者拍摄于 2019 年 5 月 18 日）

人世不轻"[11] 的槐堂先生，特意为这场雅集写就一首《法源寺饯春会雨中看丁香》的长诗，以纪其盛：

> 看花每与东风战，路转幽房出前殿。
>
> 千百丁香初解结，一一庄严朝佛面。
>
> 宣南古寺此为佳，时惹游人集如霰。
>
> 偶逢胜会随法喜，各饱伊蒲大开宴。
>
> 往时风日丽晴明，今独淋漓成例变。
>
> 不教尘土污香云，灌顶醍醐示方便。
>
> 咳唾珠玑佛功德，滋润根荄天宠眷。

11　北京画院编《人生若寄：北京画院藏齐白石手稿诗稿（下）》，广西美术出版社，2013，第 409 页。

霏微紫翠洒高林，坐觉诸天齐涌现。

老僧肃客特殷勤，带水拖泥忙不倦。

意在客耶抑在花，言下精微须自转。

春光于人殊草草，百年能得几回饯。

座中父执已晨星，吾侪衰朽亦旋见。

蹉跎六载滞京国，行歌充隐侏儒贱。

王霸繁华过眼非，旧巢屡换新巢燕。

莫嗟韵事渐消歇，未可临文焚笔砚。

酾茶聊为洗愁肠，恶诗且复追群彦。[12]

　　师曾啊，快别"洗愁肠"啦，还是赶紧帮我宣传卖画吧！"此地贫居"的齐白石心想。与1917年相比，齐白石的鬻画生涯颇有起色，翻看《己未日记》，短短月余就在杨度那里存了一千四百元。[13]借钱的人也是纷至沓来，连法源寺的当家和尚都加入了借钱队伍之中。[14]1919年的农历九月十二日，齐白石乘火车南返，此次在法源寺居住六个月。1920年齐白石再到北京，法源寺已无空房，不得已迁往别处。[15]从1917年到1919年算起，齐白石在北京法源寺，总共住了九个月。齐白石和法源寺的缘分，至此告一段落。

　　五年后的春天，也是丁香花盛开的时节，一位印度诗人，在

12　陈师曾：《法源寺饯春会雨中看丁香》，《东方杂志》1919年第16卷第7期。

13　北京画院编《人生若寄：北京画院藏齐白石手稿日记（上）》，广西美术出版社，2013，第187页、第190页。

14　同上书，第190页。

15　齐白石：《庚申日记并杂作》，载北京画院编《人生若寄：北京画院藏齐白石手稿日记（下）》，广西美术出版社，2013，第227—228页。

齐白石　拈花微笑图　纵 67 厘米　横 34 厘米　无年款　北京画院藏

一对才子佳人的陪同下，来到了法源寺。[16] 他那句在中国流传甚广的名诗，倒是很适合送给已经离开法源寺的齐白石：天空没有留下鸟的痕迹，但我已飞过！

七十一年后的冬天，一位台湾作家，写下了这样一段荡气回肠的文字，作为自己整本书的尾声：

　　　　所有地面上活动的，都化为尘土、都已躺下；剩下的，只有那静止的古刹，在寒风中、在北国里，悲怆地伫立着。啊！北京法源寺、北京法源寺！多少悲怆因你而起、因你而止、

16　《泰戈尔游法源寺》，《民国日报》1924 年 4 月 30 日。

左：齐白石　墨芍药　纵 52 厘米　横 35 厘米　北京画院藏

因你而留下串连、血证，与碑痕。虽然，从悯忠台残留的石础上，知道你也不在（再）静止，也在衰亡。你的伫立，也因你曾倾倒。但是，比起短暂的人生来，你是长远的、永恒的。你带我们走进历史，也走出历史，只有从你的"法海真源"里，我们才能看到中国的"血海真源"。[17]

走进今天的法源寺，多少风流早已成云烟，只有一株株丁香树，迎送着来来往往忙着自拍的游人。

17　李敖：《北京法源寺》，中国友谊出版公司，2010，第 208—209 页。

十四

有酒何须身后名

1940 年，《国艺》刊载了一条只有一句话且"标题党"意味浓重的新闻："画家齐白石欲于故都陶然亭营生圹托张次溪代谋因赛金花葬南洼次溪力也。"[1] 关键词：齐白石、陶然亭、生圹、张次溪、赛金花——这是可以写进教科书里的一条文案，后来者所谓新闻五要素里面的五"W"一应俱全，同时编辑还是个博取噱头的高手，将名妓、闻人、老画家并列，以最简洁的文字获得最多的眼球，新闻传播学专业的同学应该认真学习一番。

齐白石京华成名日久，年事渐高，开始为身后事考虑，经营"生圹"就成了一个大问题。按他自己所述："我的岁数，过了古稀之年，桑榆暮景，为日不多，家乡辽远，白云在望，生即难还，死亦难归。北平西郊香山附近，有万安公墓，颇思预置生圹，备作他日葬骨之所，曾请同乡汪颂年写了墓碑，又请陈散原、吴北江、杨云史诸位题词做纪念。"[2] 早在 1936 年清明节前的张园一聚，齐白石即以生圹之名求得陈散原等学界耆老一一题词以备将来所用，身后名的执念可谓不小，虽然老人家也有过"五百年后盖棺，自有公论在人间"的看似洒脱之语，但那也是 20 世纪 20 年代初齐白石仓皇北漂尚未驰名中外时所说。到了 30 年代，老人家有房有车有电话，也是打入故都文艺精英圈的名流之辈，心态自然不可同日而语。别的老人家都是鸟飞返乡狐死首丘，想想于右任那"葬我于高山之上兮，望我故乡；故乡不可见兮，永不能忘"的杜鹃啼血般思乡之恸。齐白石却务实得不得了，他不仅不想"望故乡"，甚至担心百年后儿

1　《国艺》1940 年第 2 卷第 4 期。
2　齐璜口述、张次溪笔录《白石老人自传》，人民美术出版社，1962，第 99 页。

孙辈不肯如老人意，会将灵柩运回家乡安葬，特意给张次溪写了一份委托书，上书"百年后埋骨于此，虑家人不能遵，以此为记"。[3] 不知道张次溪收到老人家这份嘱托时，内心是怎样的波澜。想想齐白石，真心不容易，早年家乡匪患不断，逼着自己无奈北上谋生，辛酸如泉，喝到水肿。虽然也有无法割舍的缕缕乡愁，幻化在他笔下那一张张的鱼虾草虫之中，但是真要安眠故里了，保不齐哪天又兵荒马乱兵匪一家亲了，组团变成"摸金校尉"，我这"海国都知老画家"的坟茔，必然是他们的首选目标。京华福地所带来的安全感，与家乡战乱所带来的焦虑自然是无法比拟的。[4] 齐白石所刻"故乡无此好天恩"印一枚，即属自证。不埋不埋就不埋，谁让我回家乡埋我就跟谁急。身后事我做不了主，那就拜托您了小张同志！

齐白石最早属意的是香山万安公墓。香山万安公墓，创建于1930年7月。周边环境清幽，颇有世外桃源气息。"这墓地的前面是昆明湖，后面是万安山，右边是八宝山，左边是玉泉山。风景要算最幽美不过了，这墓地，曾经被前清乾隆皇帝定为净地，任何人也不得埋葬的，后来经了创办人蒋尊祎君，用了十多万元买来，捐助给这公墓，作为墓地。"[5] 当时即有广告语道："华北唯一公墓，风景绝佳有万安，广百五十亩三千五百余穴，不分国籍阶级均可往卜葬。"[6] 齐白石很是满意此地，还专为此给儿孙辈写诗"明志"：

---

3 齐良迟口述《父亲齐白石和我的艺术生涯》，海潮出版社，1993，第92页。
4 张涛：《故乡无此好天恩——齐白石三上北京的职业化之路》，《美术研究》2012年第4期。
5 《天津益世报》1934年10月23日。
6 《天津益世报》1934年1月22日。

衡湘空费卜平安，

生既难还死更难。

向后有人收白骨，

荒烟孤冢问西山。[7]

　　齐白石实际考虑的并不仅仅是百年后安眠之地是不是清幽环保加安全，能否让后人可以通过"物质文化遗产"时时凭吊怀念，能否让自己长久地活在他人的视觉与文字记忆之中，其实也是老人家隐而不彰的小心思。青史留名的执念之深，齐白石甚至给儿孙辈颇为露骨地"示意"道：

园丁一技用心殊，

推石和泥肖鄙夫。

因羡缶庐身后福，

铸铜千古占西湖。[8]

　　郑逸梅载："民初，日本朝仓文夫，为吴昌硕范铜为像，一藏于彼邦，一贻昌硕。昌硕不欲自私，丁仁、吴潜、王震等为铸龛藏于杭州西泠印社，诸子元撰《缶庐造像记》，书以泐石。"[9] 看看人家上海那个吴缶老，驾鹤西去后还能得个铜像塑起来搁湖边，谁去西湖旅游都得顺道瞻仰一番。至于我的吗，你们看着办！

7　齐良迟口述《父亲齐白石和我的艺术生涯》，海潮出版社，1993，第93页。
8　同上。
9　郑逸梅：《艺林散叶》，中华书局，1982，第32页。

可是计划赶不上变化，因为就在 1936 年年底，齐白石又改主意了。

此年冬天，一代传奇女性赛金花病逝。赛金花身后萧条凄凉，亏得由张次溪等社会名流出面张罗，才得以体面安葬于陶然亭畔。张次溪又请齐白石为赛金花代写墓碑，齐白石欣然允诺，写好后随信向张次溪提道：

> 赛金花之墓碑，已为书好，可来取去。且有一画为赠，作为祭资也，亦欲请转交去。闻灵飞得葬陶然亭侧，乃弟等为办到，吾久欲营生圹，弟可谓代办一穴否？如办到，则感甚！有友人说，死邻香冢，恐人笑骂。予曰，予愿只在此，惟恐办不到，说长论短，吾不闻也。[10]

齐白石言之凿凿，张次溪却不以为然，以为老人家只是有感而发一说而已。就在赛金花去世的前一年，齐、赛二人还在社交场合有过交往：

> 本月二十三日平市艺术界及新闻界欢送话剧家陈绵、唐槐秋离平，小说家张恨水赴沪，并欢迎李苦禅王伯龙来平，特在中山公园水榭开了一个盛大的茶会……赛金花魏赵灵飞，是日被邀参加，衣饰古色古香，着轻纱衣裙，面涂脂粉，偕其女仆于四时到场。老画家齐白石趋前招待，赛金花频致

10 张次溪：《齐白石的一生》，人民美术出版社，1989，第 209 页。

谢意。[11]

在这则名为《平市艺人雅集拾零》的新闻中，齐白石全然不顾及"魏赵灵飞"（赛金花最后一任丈夫姓魏）出身背景，主动上前热情招呼，我行我素的老牌文艺青年气质十足。北大教授刘半农都能躬身为青楼女子作《赛金花本事》，则看似时代已然进步，身份趋近平等。虽为一时佳话，但是流言蜚语冷嘲热讽也是不少，刘半农英年早逝，即有报纸杂志兼嘲带讽写道：

> 幽默大师刘半农先生，塞上归来，一病不起，名流学子，悼叹同深。其所编赛金花小史，只成半部，金花闻而大恸，至其病状，据协和医院诊断，为黄胆病，并兼一种曰"回归热"，因纪以一诗，诗云：匆促回归病已侵，旧京老妓最伤心。史编未竟身先死，长使金花泪满襟。又代赛金花拟挽联一副云：幽默大师，谁知远役归来，真幽且默；半农教授，最难等身著作，一半为侬。[12]

齐白石不在乎。北京城里自己受到的攻讦嘲讽数十年如一日，刘半农身后这点压力毛毛雨。

1941 年年底，张次溪由南方返平省亲，顺道拜访齐白石。齐白石又提起了五年前的诉求："陶然亭风景幽美，地点近便，复有香冢、鹦鹉冢等著名胜迹，后人凭吊，可以算得佳话。以

---

11 《北洋画报》1935 年第 26 卷第 1262 期。
12 《益世报》1934 年 7 月 20 日。

前你替人成全过，我曾托你代办一穴，不知还能办得到否？"[13]
张次溪这才发现老人家当初是认真的，而且期盼殷切。当年赛
金花下葬之时，其生前本意也看中了香山万安公墓，"但多数人
咸谓魏赵一生经历，既已谱入诗歌小说，为供后人凭吊，与北
京添一韵事流传计，一致主张将其遗蜕，卜葬于陶然亭旁，建
葬于香冢、鹦鹉冢，以永垂一不平凡之迹，次议得多数人之赞
同，遂成定策"。[14] 能为后人所凭吊，想起赛金花一生不凡事迹，
联系之前对西湖边吴昌硕铜像的垂涎，齐白石对身后名的看重
不言而喻。张次溪当年为赛金花的丧葬也是极为卖力，不仅全
力张罗安葬事宜，更广邀名流为赛金花题词纪念。围绕赛金花
的文字著述，包括下葬前后的是非过往，1939 年张次溪甚至主
编《灵飞集》一书印行出版，其中收录杨云史、樊增祥等人纪
念赛金花诗文三十三篇。[15] 张次溪对于《灵飞集》的编辑理念也
值得探究，他采取了一种相当开放性的态度结集文章，这其中
既有偏于文学演绎性质的樊增祥所赋《彩云曲》，又有金松岑偏
于严谨考证的论辩文字，且诸位作者对于赛金花态度褒贬不一，
但张次溪并未加以主观删减，均将其文论完整呈现。文后又附
加了围绕赛金花逝世后当时的主流报刊杂志所刊载的相关报道，
《灵飞集》实际是在文献层面，以赛金花为引线，复现了清末民
初一种社会风气的时代缩影。[16]

　　这《灵飞集》齐白石也应有所耳闻，想到赛金花出身卑微，

13　张次溪：《齐白石的一生》，人民美术出版社，1989，第 209 页。
14　潘静茹：《赛金花之墓的成与坏——从卜葬、立碑到毁墓的三十年众生相》，《粤海风》2016 年
第 6 期。
15　张次溪编《灵飞集》，天津书局，1939 年 2 月 10 日出版发行。
16　同上。

却能被咏诗作传得以被人念念不忘，自己祖上算起三代为农，自己雕花木匠起家，若百年后也能得《白石集》一二，岂不美哉？青史留名第一步，当然是先得埋在赛金花旁边才行。奇怪的是按张次溪的回忆，他是在1941年年底面晤齐白石，老人家才再次提起陶然亭经营生圹之事，但为何会在前一年即出现"画家齐白石欲于故都陶然亭营生圹托张次溪代谋因赛金花葬南洼次溪力也"这般新闻？是张次溪的回忆时间有误，抑或有心人利用社会舆论放风递话？不管怎样，老人家是铁了心要与香冢为邻了。

齐白石没有看错人，张次溪果然很得力。他立刻与陶然亭慈悲禅林主持接洽，主持慨然允诺以陶然亭东边一块地段割赠。齐白石极为高兴，迫不及待地在新年过后的正月十三日，携继室胡宝珠及第五子齐良已由张次溪陪同前往陶然亭与主持会面，彼此"谈得非常满意。当时相度形势，看这墓地，高敞向阳，苇塘围绕，和陶然亭及香冢，恰巧是个三角形，确是一块佳域，就定议了"。[17] 齐白石慷慨解囊一百元外加一张《达摩面壁图》、一条写有"江亭"两字横额相赠。意犹未尽，老人家当即又填了一阕《西江月》的词，题为"重上陶然亭望西山"：

> 四十年来重到，三千里外重游。
>
> 发衰无可白盈头，朱桷碧栏如旧。
>
> 城郭未非鹤语，菰蒲无际烟浮。

---

17 张次溪：《齐白石的一生》，人民美术出版社，1989，第210页。

上：齐白石　借山图之十七　纵 30 厘米　横 48 厘米　1910 年　北京画院藏
下：慈悲庵陶然亭（作者拍摄于 2020 年 10 月）

陶然亭 （作者拍摄于 2020 年 10 月）

西山犹在不须愁，何用泪沾衫袖。[18]

原词中的"灵飞坟墓足千秋，青草年年芳茂"两句，在后来赠予张次溪时，齐白石又改为"发衰无可白盈头，朱棹碧栏如旧"[19]，悄悄隐去了对赛金花能安眠于此的羡慕之情。此时的陶然亭，按张次溪所述：

> 四面都是苇塘，游人乘车而往，如泛小舟一样，附近人家，养的鸭子，苇塘边到处皆是。而陶然亭所在的锦秋墩，原是一个土阜，那时每届重阳节，是游人登高的地方。土阜虽不

18　张次溪：《齐白石的一生》，人民美术出版社，1989，第 210 页。
19　同上。

陶然亭远眺 （作者拍摄于 **2020 年 10 月**）

很高，凭栏远眺，天气晴和的日子，可以望见西山。[20]

　　齐白石 1910 年所绘《借山图》，其中一开描绘有两层小楼，旁侧廊道环绕，周边苇草丰茂，与我实地考察时远观陶然亭及慈悲庵景象极为相似。齐白石早在 1903 年一上北京之时，就曾在此登高雅集。"六日早之陶然亭，画其图。为完夫作《饯春图》一。"[21] 齐白石后来在其诗稿中又特意追忆道：

　　　　十五年前喜远游，关中款段过芦沟（桥名）。
　　　　京华文酒相追逐，布衣尊贵参诸侯。

20　张次溪：《齐白石的一生》，人民美术出版社，1989，第 210 页。
21　北京画院编《人生若寄：北京画院藏齐白石手稿日记（上）》，广西美术出版社，2013，第 62 页。

陶然亭旁的绿柳翠湖，当年无数文人骚客在此驻足（作者拍摄于 2020 年 10 月）

陶然亭上饯春早，晚钟初动夕阳收。

挥毫无计留春住，落霞横抹胭脂愁。

（癸卯三月三十日，夏午诒、杨皙子、陈完夫于陶然亭

饯春，求余画图。）[22]

《借山图》系列，是齐白石依据 1902 年至 1909 年间"五
出五归"的纪游画稿，于 1910 年精心整理而成。[23] 齐白石在《借
山吟馆诗草》中曾有一诗，言及远游各处时给自己留下深刻印
象之地：

22　北京画院编《人生若寄：北京画院藏齐白石手稿诗稿（上）》，广西美术出版社，2013，第
163—164 页。

23　此套册页曾有专文论述，参看张涛：《废墟中的桃花源——齐白石〈借山图〉研究》，载北京画
院编《齐白石研究》第六辑，广西美术出版社，2018。

齐白石　却饮图　纵 **26.5** 厘米　横 **33** 厘米　无年款　北京画院藏

南北东西纵贱躯，十余年事未模糊。

关中春日游还厌，沪上秋风醉欲扶。

万顷芦花燕地异，（京都陶然亭一带，一望无际皆芦荻。）

一星镫火桂林殊。（桂林城内有独秀峰，峰上有镫树，

甚高。晚景苍苍时，镫如一星早出。众星出，不可辨镫也。）

曾经好景尤难数，埋骨终消一处无。²⁴

　　陶然亭意象在齐白石诗歌中一再出现，又如"陶然亭在西
山好，且看鸦归向晚风"²⁵"羞人重见老僧闲，强上陶然举步艰"²⁶

24　北京画院编《人生若寄：北京画院藏齐白石手稿诗稿（上）》，广西美术出版社，2013，第99—
100 页。
25　同上书，第 162 页。
26　同上书，第 207 页。

左：张次溪编《灵飞集》书影　1939 年　天津书局
右：赛金花照片（引自《灵飞集》）

等。陶然亭给齐白石早年帝都游览时所留下的印象非同一般。依据文献与图像比对，这一开画作很有可能是齐白石依据早年所绘《陶然亭饯春图》稿本，以及陶然亭雅集过往的文字回忆整理而成，因此可以将《借山图》系列中的这一开暂命名为《陶然亭》。

陶然亭建于康熙三十四年（1695），由时任窑厂监督的工部郎中江藻，在元代古刹慈悲庵内的西侧创建，取白居易"更待菊花家酝熟，共君一醉一陶然"诗意，为此亭题额为"陶然"。自此陶然亭逐渐成为帝都文人骚客登高抒怀雅集唱酬的一处风雅所在。当然，只有芦苇野鸭土阜上面望西山来让骚客寄情文人赋诗还差点意思，"才子"这种花哨凉菜，还得有"佳人"精酿配才是，"香冢"传说应时而生：

> 曩客故都，尝游陶然亭及香冢，荒蒿没径，了无风景可言，然香冢一词，及守犹能忆之。词云："浩浩愁，茫茫劫。短歌终，明月缺。郁郁佳城，中有碧血。碧亦有时尽，血亦有时灭。一缕烟痕无断绝，是耶非耶？化为蝴蝶！"极尽哀艳。香冢本事，传者不一其词，而据余所知，则清季有梁抱宇者，怀才至京候试，与城南一妓狎，极缱绻。妓欲委身事之，梁辞以贫，约以获隽后，始营金屋。妓倾缠头资助膏火。既试，不幸落第，梁作书辞妓，妓报笺慰之，因有作三年之约。梁旋入某将军幕，及催护重来，则已为大腹贾所迫，抑郁以死矣。留有绝命书与梁，不忍卒读。枢原厝法源寺，梁遂为之营葬陶然亭东侧，题曰"香塚（冢）"并赋上词云。[27]

仗义每多屠狗辈，负心多是读书人——亘古不变的道理。香冢位于陶然亭东北侧的一小土丘之上，另外有更为离奇的传说，此"香冢"为乾隆皇帝平定回部之乱时所带回的"香妃"之冢，"香妃"不仅自己勇武好胜，其陪侍婢女均携带兵器，太后惟恐"香妃"发挥不稳定伤到自己的宝贝儿子，于是悄悄缢杀之，随后埋葬陶然亭一侧。[28] 由狭义妓女到美艳香妃，一座沉默无名的荒凉残碑，满足了文人士子的无限遐想与自我期许。与"香冢"

---

27 《陶然亭香冢词本事》，《中央日报》1936年3月13日。
28 《北晨画刊》1935年第5卷第7期。

齐白石　蝉　纵 31 厘米　横 22 厘米　无年款　北京画院藏

为伴的尚有"鹦鹉冢"一座。相传鹦鹉是由主人自广东千里迢迢携至北京，后来不幸被狸猫所扑杀，主人哀伤不已特意埋葬于此。[29] 陶然亭、香冢、鹦鹉冢，伴随着真真假假或缠绵悱恻或耸人听闻的缥缈谈资，成为入都盘桓的文人士子的网红打卡地。不仅齐白石徘徊于陶然亭，他的老师王湘绮也曾在此举行盛大文艺沙龙："前清翰林昨日（十日）在陶然亭团拜，王闿运赋诗，有圣清字样且加以双抬。"[30] 陶然亭雅集之于文人，不亚于铜锅涮肉之于老饕。"今日大风，尘沙蔽天，城南陶然亭畔车马甚多，有官僚名士百余人闭在亭中修禊……"[31] 一百多人挤在空间逼仄

29　《京师游览记（三）》,《南金（天津）》1927 年第 4 期。

30　《时报》1914 年 5 月 12 日。

31　《时报》1918 年 4 月 18 日。

的陶然亭，看着沙尘暴品着满嘴土，还能推杯换盏诗词唱酬。文化人的事儿，鸭子都看不懂。当时即有人感慨陶然亭盛名之下其实难副：

> 陶然亭之名于都下也，非一朝夕矣。求其所以成名之故，渺不可得，今恍然于名之不可信矣。斯亭也，第以一官僚、一闺女、一鹦鹉之遗迹，流传至今，而举世奇才、异能之士与草木同腐，姓氏无芳者，不知凡几名之。有幸不幸乃如是耶。[32]

此文作者其实也是犯了文化人的清高酸腐病，他所谓的"举世奇才、异能之士"，说破天也无非多是"学成文武艺，授予帝王家"的奴才人设，又有几个能活得如妓如鸟那般放飞自我真我的风采？更何况混沌乱世之中，人们往往更愿意将那些处在正常社会伦理秩序之外的边缘性角色，寄情幻化为所谓代表"光明"与"正义"的理想型人格，"赛金花热"即一例。赛金花与联军统帅瓦德西床笫间拯救京城黎民百姓的"传说"，在当时即被一般好事者所津津乐道且经久不衰。在各种文字与诗歌间，赛金花被塑造成了类似"护国娘娘"的神话角色，甚至于被称为"观世音赛金花"[33]。如此荒诞不经的流言，实际上那些传播者又怎能不知？可是他们更愿意去"主动误读"：连一个青楼女子都有维护苍生保护百姓的强烈意愿，而那个真正应该扮演"护

---

32 《京师游览记（三）》，《南金（天津）》1927 年第 4 期。
33 《人言周刊》1935 年第 1 卷第 50 期。

国娘娘"角色的老太太,自己却千里迢迢逃到大西北躲起来吃羊肉泡馍去了。国将不国之时,太后不如妓女!这大概才是"风语者"想要表达的嘲讽与无奈。留法博士、北大教授张竞生即曾著文揶揄道:

> 我常喜欢把你与慈禧后并提,可是你比她高得多呢。假使她在你的位置,什么事都显不出,最多只能被雇为"哭娘"。(慈禧以此出身的)若你有她的势力吗,当能变法,当能做出许多新政治。你虽位卑而人格并不微,当联军到北平,她抛却人民和宝贝的太监们溜走了。只有你在金銮殿中与外帅折冲,保卫了多少好人民。[34]

赛金花病逝,有报纸刊载《悼赛金花》一诗,甚至于将赛金花的历史地位与人格魅力,提升到了与铁骨铮铮关汉卿同等的位置:

> 一夕罡风下九天,朱颜春梦杳如烟。云輧遽逐芳尘去,始信凌波已化仙。昙花一现朝云身,柳絮随风堕劫尘。此日苍波流梦去,好向人天证净因。曾记联军入汉京,峨眉婉转作干城。个侬自有真肝胆,一代红颜照汗青。[35]

由此观之,百年后能够与赛金花毗邻而居,应为齐白石的

---

34 张次溪编《灵飞集》,天津书局,1939 年 2 月 10 日出版发行,第 20 页。
35 雪厂:《悼赛金花》,《社会日报》1936 年 12 月 10 日。

齐白石　蝇　纵 **33.5** 厘米　横 **26.5** 厘米　无年款　北京画院藏

荣幸才是。民国报刊即曾将赛金花与齐白石并列为世风日下时的"道德标兵"：

> 齐白石，是现代国画家中之怪杰，某名士把他和吴佩孚、赛金花，列入燕山三怪之中，说："晚近世风日下，高逸之士，已不可睹，仅流俗所称三数人耳。"[36]

不管怎样，齐白石似乎是打定主意一定要与赛金花、香冢、鹦鹉冢为邻了。张次溪当天陪同齐白石在陶然亭足足游览了一个下午，齐白石兴致颇高，对张次溪说道：

36　《燕山三怪之一·木匠画家齐白石》，《世界晨报》1937 年 4 月 28 日。

上：魏公村路路牌 （作者拍摄于 2020 年 8 月）

下：齐白石于魏公村曾经的安眠之地，现在已经变为工地 （作者拍摄于 2020 年 8 月）

我自前清光绪二十九年三月三十日，同夏午诒、杨晳子等在陶然亭饯春后，这四十年来，虽也来过几次，但最近却多年没来。此番旧地重游，好像见到了老朋友，倍加亲热的了。[37]

可惜齐白石这并不算多么奢侈的美好愿景，似乎只变成了一个愿景。1947 年，有游客驻足陶然亭，发现赛金花的"墓地一片荒凉，连个人影也没有。'一代佳人委黄土'，真令人有不胜沧桑之感呢"。[38]1952 年，陶然亭一带改建为公园，齐白石的梦想再次破灭。

走进今天的陶然亭公园，湖水荡漾，杨柳依依。齐白石曾经期望的安眠之地热闹非凡，已经变成类似老年活动中心的大型才艺表演广场，有跳交际舞者、练剑者、跑步者、吹葫芦丝者、吹牛侃大山者、放风筝者、依偎而坐夕阳红者。走到位于湖心岛的慈悲庵与陶然亭，大门紧闭禁止进入，只能环伺眺望一番。在陶然亭边跳广场舞的老太太们，集体用颇具敌意的眼神盯着我这没有眼力见儿的乱入者。慈悲庵与陶然亭均是翻新修葺，了无足观。香冢、鹦鹉冢、赛金花墓早已无迹可寻，文人骚客流连忘返雅集述怀的怀古胜地，也已经被裹挟在广场舞的欢快歌声与轻柔舞步间烟消云散，只剩下白茫茫一片真干净。

在民初政坛拥有举足轻重地位的交通系主将叶恭绰，于1906 年秋定居北京，之后在北京西山营建别墅，名为幻住园。

37 张次溪:《齐白石的一生》，人民美术出版社，1989，第 210 页。
38 《故都游记之八：赛金花墓》，《新上海》1947 年第 52 期。

当齐白石得知安眠陶然亭的理想破灭，转而又拜托张次溪，向叶恭绰表达埋葬幻住园的意愿：

叶丈遐庵旧有别墅在翠微山麓四平台，其傍为其自置之塋地，因颜其址曰"幻住园"。罗丈瘿公曾借厝于此。一九五三年，京市城区坟墓，奉令一律肃清，余商之叶丈，将先君先慈[39]遗榇，迁葬于幻住园中。同时曾丈刚甫遗榇，亦由余代为运往。事为老人所闻，以陶然亭生圹，亦在拆迁之列，特浼余向叶丈关说，身后亦欲假幻住园一席地，埋骨其中，并绘幻住园图以寄意。既得叶丈允可，老人喜而函谢。叶丈报以四诗：

一云：

人生有分共青山，卖画痴呆只是顽。

幻住那如无住好，胜添话靶落人间。

二云：

青山好处即菟裘，归骨何须定首丘。

漫与蜉蝣争旦暮，艺灯明处照千秋。

三云：

人表从何位此翁，屠龙刻鹄两无功。

藤荫醉卧无南北，更费先生酒一盅。

四云：

高塚麒麟计本迁，况兼梓泽易丘墟。

39　张篁溪身后葬于北京城南龙潭湖公园附近的张园内。"先考灵柩，已于夏历丙戌十二月十一日十时安葬北平左安门内张园。遵先考三十年来夙志也。溯先考生于广西丁丑三月廿九日亥时，享年七十岁。"张仲锐：《张篁溪先生行略》，《中央日报》1948 年 2 月 5 日第 6 版。

结邻有约何须买，试写秋坟雅集图。[40]

齐白石委托张次溪与叶恭绰沟通安眠幻住园事宜，叶恭绰爽快答应。而前述的叶恭绰所作四首诗文，实际是齐白石所绘《幻住园图》一画中的叶恭绰题跋。叶恭绰也曾在自己的诗稿中记录这四首诗，名为《题白石翁所绘〈幻住园图〉翁与余有身后结邻之约》[41]。在题跋诗文之后，叶恭绰书道：

> 幻住园为余京师西山墓地，故名"幻住"。有小楼已坏，不可居。白石翁与余有身后结邻之约，为余图此戏题四绝。
>
> 一九五四年秋　遐翁[42]

可惜齐白石安眠幻住园的理想最终也未实现。

1957 年 9 月 16 日，齐白石与世长辞。安葬于西郊湖南公墓，位于今天的西直门外魏公村一带。齐白石长眠此地五十六年。随着城市化进程加深，老人家的坟茔周边变成 了居民小区与商业街市，安眠之地也被垃圾便溺环绕。老人家自己也看似通透地说过："我辈莫愁须饮酒，死生常事且开颜。"[43] 可惜世间又有几人真能看透真能放下？齐白石墓于 2013 年正式迁移到了风景秀丽的西山凤凰岭，也算终于为老人家寻觅到一处可 以安然

40　引自奇洁：《谁伴吟风赏月身——齐白石与叶恭绰交谊小考》，载北京画院编《齐白石研究》第八辑，广西师范大学出版社，2020，第 54 页。

41　《遐庵诗稿》《叶恭绰全集》第 1389 页。引自奇洁：《谁伴吟风赏月身——齐白石与叶恭绰交谊小考》，载北京画院编《齐白石研究》第八辑，广西师范大学出版社，2020，第 54 页。

42　引自奇洁：《谁伴吟风赏月身——齐白石与叶恭绰交谊小考》，载北京画院编《齐白石研究》第八辑，广西师范大学出版社，2020，第 54 页。

43　北京画院编《人生若寄：北京画院藏齐白石手稿诗稿（下）》，广西美术出版社，2013，第 453 页。

长眠的清净归宿。

　　我特意寻访齐白石墓的魏公村旧址，现如今却连小区都已荡然无存。原址一带已经全部被蓝色铁皮包裹起来，似乎将要有新的写字楼商厦一类破土而出。向两位步履蹒跚的老者打听墓址所在，老人家说小时候经常在齐白石墓旁玩耍，现如今早被迁走啦，什么都没了！

　　生前富贵草头露，身后风流陌上花。

后记

竹杖芒鞋轻胜马，谁怕，一蓑烟雨任平生！

真能活得这么潇洒？

我们总把读书人的姿态，当成了读书人的状态。

还是那句话：活着，就不容易。这本书，就是用齐白石遗留至今的文字与图像碎片，试着编织出这六个字来。十四个小主题，算是精心烹饪的十四道菜品，希望总会有能让读者满足的一盘。有时候，阅读，并非对大脑的供氧，不过是味蕾的愉悦！

知君何事泪纵横？断肠声里忆平生。我选择了一般被学术研究弃之不用的所谓边角料，建构起齐白石奔波往返的无奈日常。貌似八卦地叙述了齐白石的爱情路与生意经，其实更想以此触摸一个有血有肉有温度的乱世飘萍人。对裹挟在五四新文化运动中的齐白石的解读，齐白石人物画中畸人心态的探究，与徐悲鸿鸿雁往来中彼此所暗含的微妙情绪，三拍电影身不由己的时尚老头，早年所绘《借山图》的游、绘、借、失与大时代的默契互证，以此来品味老人家的人生智慧与处事格调。

重新走过北京城里齐白石曾经涉足的地方，则是希望在心与物游之间，能够嗅得到丝丝历史云烟的味道。我想用这些所谓的历史遗迹，尽可能拼贴起一个真实的齐白石。更想让读者能够感受到一个所谓"社会人"一生的变与不变、坚持与放弃、个性与圆融。换成我们，会如何自处？会如何选择？会何去何从？也许我们过分关注老人家白纸上的天才，市场上的天价。有多少人会关注天价背后的付出是什么？天才背后的艰辛是什么？前辈说，赞美一个庸才，会变成彩虹屁；赞美一个天才，会变成福音书。而我，只想平视一下齐白石。当然，最重要的是，我想放下冷冰冰的学术柳叶刀，去闻一闻"人味"！

其实写作是个很气馁的过程，尤其在"新冠"肆虐全球的当下。想想即便著作等身，可能也未必如一枚薄薄的口罩更让人值得关心，或者有现实用处，失重感扑面而来。打磨这种名利心与虚妄心的方式，也许只能是多读读食指的《相信未来》一类，才能给自己坚持写下去的理由与勇气。诗人为我们找到了灯塔，自己却去了精神病院。这个寓言式的结局告诉我们，大概变成不正常的人，才能在正常世界活下去。

光阴扫过皱纹，岁月划破冥冥，你躺着，你躺着，你写不出一首诗。

这两年，大不易。我们看到了太多花溅泪，太多鸟惊心。枪炮炊烟玫瑰谱写的铁板一块的历史，都被一枚肉眼不见的病菌，撕得七零八落轻如发丝。文明与野蛮，人类与禽兽，渐行渐远百万年，却在一瞬间，统统被拉回到了宇宙洪荒的起点。那喀索斯的花儿依旧绽放，金斯堡的嚎叫继续疯狂。在一个爬满虱子的华丽年代，如何保持敏感于一根银针掉在地上的尖锐与优雅？也许，只有文字。毕竟，尘归尘，土归土，我们都会变成微生物，去滋养俾睨群雄的病菌。哺育明天的，只有文字。写在水上的，只有文字。打败时间的，只有文字。

每个人都是飘萍，每个人都有乡愁。齐白石会用画笔，抚慰自己无处安放的灵魂。而我，只有一首许久之前的小诗，送给过去的未来：

渴望丰收

麦子辣黄

窑洞的咽喉大喘着气

斜阳将婆娘们浇得浓艳

汉子们扛锄默走

天与地

沉沉醉去